*Alte Erzählungen*
*in neuen Farben*

Carin Winter und Hanna Rose

# *Alte Erzählungen in neuen Farben*

Carin Winter und Hanna Rose

Steinmann

*Erste Auflage*

ISBN 978-3-927043-74-9
Covergestaltung: Elsa von Rahden, Fischerhude
Titelfoto: Asmus Steinmann
Herstellung: BoD – Books on Demand GmbH, Norderstedt
Printed in Germany

www.steinmannverlag.de

*Für meine Enkelkinder*
*und für alle anderen Enkelkinder*
*auf der Welt*

**Inhalt**

*Ein chinesisches Sprichwort heißt:*
*Frauen stützen die Hälfte des Himmels*

*Vorwort*

Ich sitze am Strand. Es ist noch ganz früh am Morgen. Die Kinder und mein Mann schlafen noch.

Ich bin aufgewacht, als es gerade hell wurde, und wollte nicht mehr liegenbleiben. Also habe ich mich leise angezogen und bin zum Meer hinuntergegangen.

Die Sonne kommt gerade hinter dem Horizont hoch, das Meer liegt ganz still. Ein leichter Wind weht durch meine Haare, und die Luft fühlt sich sauber und weich an.

Mir fällt eine Geschichte ein, die ich als kleines Mädchen erlebt habe. Auch damals war es früher Morgen. Mein Bruder und ich waren schon munter, und Mama hat uns erlaubt, zum Anlegeplatz zu gehen und auf Papa zu warten, der in der Nacht hinausgefahren war, um Fische zu fangen.

Als wir ankamen, lagerten einige Frauen und Männer im Gras am Ufer. Offensichtlich hatten sie da übernachtet. Sie saßen auf ihren Decken und bereiteten sich ihr Frühstück zu.

In der Ferne sahen wir bereits Papas Boot, das langsam näher kam.

Wir setzten uns auf die Holzbohlen des Anlegers, und als wir Papa und seine zwei Männer erkennen konnten, sind wir aufgestanden und haben gewinkt und gerufen.

Es war auch so ein wunderschöner Morgen wie heute – klar, kühl und verheißungsvoll.

Aber als Papas Boot angelegt hatte, sahen wir, dass die Männer enttäuscht und niedergeschlagen waren. In ihren Netzen hingen nur wenige Fische, und die waren klein und nicht viel wert.

Papa und seine Helfer machten das Boot fest, dann setzten sie sich neben uns, schauten übers Meer und seufzten müde.

In dem Moment kam einer der Männer vom Strand auf uns

zu und fragte, ob er ein paar Fische haben könnte. Aber Papa schüttelte den Kopf und zeigte auf die leeren Netze.

„Oh", sagte der Mann, „das tut mir leid." Er setzte sich neben uns, machte seinen Beutel auf und holte ein großes Brot, Käse, Oliven und eine Flasche Wasser heraus.

„Wollt ihr mitessen?", fragte er, „ihr seid sicher hungrig nach der langen Nacht."

Papa und seine Männer sahen sich an, dann sagte Papa mit einem Lächeln: „Danke, das ist immerhin ein kleiner Trost für eine vergebliche Fahrt."

Mein Bruder und ich bekamen jeder ein Käsebrot, wir hatten ja auch noch nicht gefrühstückt. Und so saßen wir, schauten über das Meer, und jeder hing seinen Gedanken nach.

Die Sonne war inzwischen ein wenig höhergestiegen und ein paar Möwen wiegten sich in der Luft. Nach einer Weile sagte der Fremde: „Würdet ihr eventuell noch einmal für eine kleine Runde hinausfahren? Ich war schon lange nicht mehr auf dem Meer, und vielleicht findet ihr doch noch eine Stelle mit Fischen und bekommt ein volles Netz."

Papa lachte. „Nicht, wenn es hell ist und die Sonne scheint, und die Fische sich in die Tiefe verzogen haben."

Der Fremde wiegte den Kopf. „Manchmal geschehen Dinge, mit denen man nicht rechnet", antwortete er freundlich.

„Nun", meinte Papa, „ihr habt euer Essen mit uns geteilt, wir haben nichts anderes vor, und der Wind weht leicht und stetig – gut, wir fahren noch einmal."

Mein Bruder ist aufgesprungen und hat hurra geschrien, denn wir durften mit, und dann haben Papa und seine Männer das Boot noch einmal fertig gemacht, und es ging los.

Unterwegs hat uns der Fremde ein wenig von sich erzählt, er sei weit herumgekommen im Land und habe schon viel erlebt.

Papa hat gemeint, das würde ihm auch einmal gefallen. Aber der Fremde hat dann gesagt, dass man genauso in einem kleinen Dorf am Meer viel entdecken und erfahren kann, wenn man die Augen offen hält und selbst offen ist für Neues.

Später haben wir gewendet und sind zurückgefahren, und auf einmal ist Papa aufgestanden und hat am Netz gezogen.

„Das kann nicht wahr sein!", hat er gerufen, und seine zwei Kumpels sind sofort an seiner Seite gewesen und haben mitgezogen.

Und dann haben wir gesehen, dass das Netz voller Fische war, das ganze Netz, alles voll!

Mein Bruder ist herumgehüpft. Mir kamen die Tränen vor Freude. Es war wie ein Wunder, und der Fremde hat sich mit uns gefreut.

Diese Geschichte ist mir in den Sinn gekommen, und ich sitze immer noch da und schaue übers Meer. Und ich denke: *Ja, genau das ist es, einmal etwas anders machen als bisher, einfach anders, warum auch nicht? Rausfahren, auch wenn man denkt, das bringt nichts. Und manchmal, ja, manchmal, ist dann das Netz doch voll, morgens, wenn es hell ist und die Sonne scheint und die Fische in der Tiefe sind.*

Der Sand, auf dem ich sitze, wird langsam warm, die Sonne steigt höher, sanfte Wellen plätschern an den Strand, und ein paar kleine Muscheln rollen im Wasser hin und her.

Es wird ein schöner Tag heute.

## TEIL EINS (Altes Testament)

### *1 Darf ich vorstellen*

*Mutter Ruah erzählt.* „Darf ich vorstellen: Das ist mein Mann, Vater Gott, und ich bin seine Frau Ruah. Wir sind die Schöpfer des Himmels und der Erde, und wir sind eure Eltern.

Und um es gleich klar zu stellen: Ich bin nicht nur eine weibliche Eigenschaft von ihm, sondern seine Gefährtin, sein Gegenüber, seine Ergänzung und genau so lebendig wie er.

Aber für uns gibt es noch etwas Besonderes, etwas Wichtiges, wir sind nämlich miteinander verbunden durch ein gemeinsames Herz, es gehört uns beiden, deshalb sind wir auch eins. Und deshalb gehören wir zusammen, auf immer und ewig.

Wir reden miteinander wie zwei und haben auch verschiedene Gaben. Aber unser gemeinsames Herz ist eins und groß, unendlich groß.

Wenn wir unterschiedliche Gedanken oder Meinungen haben, dann kann es auch ab und zu vorkommen, dass wir miteinander streiten. Aber bald danach kommen alle Ansichten und Überzeugungen in unserem gemeinsamen Herzen an, und dann gehören sie uns beiden. Dann sind wir wieder nur noch eins.

Also, Vater Gott ist ein Mann, tatkräftig, zornig, wenn ihm was nicht passt, geradlinig, und er zieht das Entweder-Oder vor, liebt hell, manchmal zu hell, und ist auch manchmal ein wenig unflexibel. Und es kann durchaus vorkommen, dass er auf seinem Recht und seiner Macht besteht.

Ja, er hat auch Macht. Macht ist nichts Schlechtes, aber nur in Verbindung mit Liebe, zusammen können sie viel Gutes bewirken, und so ist es bei Vater Gott und wird auch so bleiben, da wir miteinander im Herzen verbunden sind.

Macht ohne Liebe aber bringt Zerstörung und Vernichtung, deshalb darf Macht nie ohne Liebe sein.

Und nun zu mir: Ich bin eher auf Augenhöhe mit meinem Gegenüber, versuche zu verstehen. Fürsorge, Liebe und Weisheit sind meine Stärken. Ich habe gern Verbindungen, Sowohl-als-Auch, abgestufte Farbtöne und liebe das Wechselnde, das sich Erneuernde. Wir sind also schon verschieden, aber gerade deshalb passen wir sehr gut zusammen und ergänzen uns.

Ich bin die Muttererde, aus der neues Leben kommt, und er ist der Samen, aus dem neues Leben entsteht, und eins ohne das andere wäre dazu nicht fähig.

Aber das Wichtigste ist, und deshalb möchte ich es noch einmal wiederholen: Wir haben ein gemeinsames Herz, das alles vereint, und dieses Herz ist Liebe und nichts als die Liebe."

## *2 Ein Marienkäfer*

*Mutter Ruah spricht weiter.* „Und da ist noch etwas, das ich euch sagen möchte: Ich liebe Bilder. Wenn ich jemandem etwas erklären will, mache ich es mit einem Bild. Das ist oft einfach leichter zu verstehen. Ich mag nicht lange erklären oder diskutieren, ein Bild erzählt alles.

Vater Gott hat mehr die Gabe, mit Worten die zu erreichen, denen er etwas zu berichten hat. Da ich gerade dran bin, mich mit euch zu unterhalten, schenke ich euch eines meiner Bilder, und ihr werdet verstehen.

Also: Ein kleiner Marienkäfer mit roten Flügeln und schwarzen Punkten krabbelt durch die Wiese, die Gräser rauf und runter. Er nascht an einem Gänseblümchen und hält Ausschau nach leckeren Blattläusen. Er genießt die Sonne und den Regen und sein kleines überschaubares Leben.

Irgendwann einmal, als er oben auf einem Halm sitzt, beschließt er, ein Stück zu fliegen. Er erhebt sich in die Luft und landet nach einer Weile auf einer Erde, die irgendwie anders aussieht und riecht als alles, was er kennt, und sie hat eigenartige Flecken. Das hat er noch nie gesehen.

Nun, er ist neugierig, und er hat vor, das Ding zu erkunden, vielleicht findet er auf ihm eine Menge Blattläuse. Er krabbelt und krabbelt immer geradeaus, und auf einmal bleibt er verblüfft stehen. Er ist wieder da, wo er losgelaufen ist, er sieht es an dem eigenartigen Fleck und an seinen kleinen Tapsen, die von diesem Fleck ausgehen.

Aber er will wissen, was es damit auf sich hat.

Er krabbelt also wieder los, immer der Nase nach, und kommt wieder am Anfang an – da, wo er losgegangen ist.

Jetzt ist er verwirrt, es ist ihm unheimlich, er hat Hunger, und er mag nicht mehr.

Er breitet seine Flügel aus und fliegt zur nächsten Blume, da kennt er sich aus, da weiß er, wie alles funktioniert, davor hat er keine Angst.

Und was war es, das ihn so irritiert hat? Ein großer roter Ball mit weißen Tupfen, den die Kinder auf der Wiese liegen gelassen haben.

Ein Marienkäfer weiß nicht, was ein Ball ist, was Kinder sind, er kann sich rund nicht vorstellen, er ist einfach zu klein dazu. Und er muss das auch nicht wissen.

Und so gibt es Dinge, die ihr nicht wisst und begreift, und es wird immer so sein. Das gefällt euch nicht, es ist euch unheimlich, und es macht euch Angst. Leben und Tod, Anfang und Ende, Sein und Nichtsein.

Deshalb, hört auf zu grübeln, hört auf, alles wissen zu wollen und erklären zu können und begreifen zu wollen, weil ihr denkt, dass ihr dann Macht habt, und nie wieder Angst bekommt.

Bleibt auf der Erde und seid dankbar für das, was ihr mit euren fünf Sinnen und eurem Verstand erfassen könnt, fliegt auf den Mond oder den Mars, aber was ihr auch macht, ihr stoßt immer an eure Grenzen. Und alles, was über euren Horizont geht, das überlasst uns, eurem Vater Gott und eurer Mutter Ruah. Wir sind alles, und wir wissen alles, und unser Herz ist groß, viel größer als das von euch oder einem Marienkäfer.

Bleibt bei euren Wiesen, bei den Blumen, bei den Blattläusen, bleibt bei dem Regen und bei der Sonne – bei all den Dingen, die euch begegnen. Schaut euch ruhig alles an mit Mikroskopen und riesigen Apparaten, die bis ins Weltall reichen. Und dann seid einfach dankbar dafür, für alle die Wunder, die wir euch geschenkt haben.

Noch eine kleine Anmerkung: Gegen Angst hilft Dankbarkeit, probiert es einmal aus.

Und nun erfahrt ihr, wie wir eure Eltern geworden sind.

## *3 Ruah und Gott werden Eltern*

### *Erster Tag*

*Ruah*. Da sitzt er, mein Göttergatte, und denkt nach, und ich würde gern wissen, was er jetzt wieder ausbrütet. Nun, er wird es mir schon sagen, wenn er sich selbst darüber im Klaren ist. Ich muss nur Geduld haben.

*Gott*. „Ruah, komm her, ich habe eine Idee, und ich denke, sie wird dir gefallen. Ich möchte etwas erschaffen."

„Aha, du willst etwas Neues, an was denkst du da?"

„Ach, so genau weiß ich das noch nicht, aber ohne dich kann ich das sowieso nicht, machst du mit?"

„Gerne, weißt du was? Wir fangen einfach einmal an, und wir werden dann schon zusammen sehen, was daraus wird."

„Gut, nun, ich hätte vor allem gern einen Himmel, hoch und unendlich weit, das dürfte nicht allzu schwierig sein."

„Sehr schön, aber ein leerer Himmel könnte ein wenig langweilig werden, ich mache dir Kugeln dazu in allen Größen, die in deinem Himmel miteinander spielen. Und eine besonders schöne Kugel, die ich Erde nenne, sie besteht aus verschiedenen Schichten, innen warm und außen kühl. Und die Kugeln drehen sich alle von allein, alles ist in Bewegung."

„Gut, aber ein wenig Ordnung muss schon sein, jede Kugel hat eine bestimmte Bahn, und die soll sie einhalten. Sonst gibt es Chaos."

„Einverstanden, das wird gut, packen wir es an, es wird viel zu tun sein."
*Ruah*. Jetzt ist es Abend und wir haben viel erreicht. Nun ruhen wir uns aus. Ich schaue ihn an, nehme seine Hand in die meine und sage zu ihm: „Da sitzen wir nun, mein Lieber, ich bin müde, es war ein langer Tag. Sag mir, ob du es gut findest, was wir heute erschaffen haben."

„Ja, es ist gut, es ist sehr gut. Aber ich bin auch müde, morgen machen wir weiter. Und nun legen wir uns hin, kuscheln zusammen und schlafen, das haben wir uns verdient."

*Zweiter Tag*

„Ruah, wach auf, ich habe geträumt."

„Erzähl, etwas Schönes?"

„Ja, von Licht und Finsternis, das könnten wir heute angehen. Ich weiß nur noch nicht, wie wir sie verteilen sollen."

„Also, meine Erde braucht vor allem Sonne, du kannst diese große Kugel, um die sie kreist, anzünden, dann wechseln sich Sonne mit Dunkelheit auf ihr ab."

„Gut, und was könnten wir noch beleuchten?"

„Na, alle Kugeln in deinem Himmel, denn zwischen ihnen wird es ja dunkel sein."

„Sie leuchten dann, wenn es auf deiner Erde Nacht ist. Einverstanden, Ruah?"

„Danke, meine Erde bedankt sich."

„Du sagst so etwas immer mit einem kleinen Lächeln in den Augen, das liebe ich."

„Weißt du was? Die Sonne soll nicht nur leuchten, sondern auch wärmen, und in der Nacht kann sie auch noch den Mond anstrahlen, der um die Erde fliegt. Und dann, wenn das alles in Bewegung ist, wird er auf- und untergehen, Vollmond und Neumond, das wird ein Spaß werden."

„Du bist wie ein verspieltes Kind, Ruah, aber das gefällt mir."

„Das war jetzt relativ einfach, was wir heute gemacht haben. Ist es in Ordnung, mein Lieber?“

„Ja, es ist in Ordnung, wir sind ein gutes Team.“

*Dritter Tag*

„Heute ist ganz besonders mein Tag, Muttertag, denn ich will Erde machen und Wasser. Hilfst du mir dabei? Große Meere, Flüsse, Seen und dazwischen Erde, die wir später sicher brauchen.“

„Und wie wäre es mit ein paar Bergen, hohen Felswänden, Gipfeln, von denen aus man die schönste Aussicht hat?“

„Gut, dann können meine Bäche von oben nach unten fließen oder über einen Stein als Wasserfall, das stelle ich mir sehr schön vor.“

„Wenn dein Wasser verdampft, Ruah, dann gibt es Wolken. Ist dir das klar? Was fangen wir mit denen an?“

„Ganz einfach, es regnet, und das Wasser läuft wieder zurück ins Meer.“

„Dann brauchen wir auch noch Wind, der die Wolken übers ganze Land treibt.“

„Ja, ach, das wird schön, mein Lieber, ich bin gespannt, wie das alles heute Abend aussieht. Und dann setzen wir uns auf einen deiner Berge, auf einen nicht so ganz hohen, auf einen bequemen mit schönem Ausblick. Und dann können wir uns beide gratulieren und stellen wieder einmal fest: *Es ist gut, wir haben es gut gemacht*.“

*Vierter Tag*

„Mein lieber Mann, du bist aber müde heute, magst du gar nicht aufstehen?“

„Was hast du denn vor, du bist so munter?“

„Pflanzen, heute werden wir pflanzen.“

„Pflanzen? Die ganze Erde voll? Und was für Pflanzen, bitte?“

„Kleine, große, dicke, dünne, Bäume, Millionen von Bäumen, Gras, riesige Wiesen, Blumen, in allen Farben, duftende Pflanzen, dornige Pflanzen, stachlige, essbare, mit Früchten, mit Blättern, mit Nadeln, so viele verschiedene, dass wir nachher selbst nicht mehr wissen, wie viele es sind."

„Da könnte ich es mir ja eigentlich ein wenig gemütlich machen heute, dir zusehen und dir gute Ratschläge geben, was meinst du?"

„Ich habe nichts dagegen, aber verlang nicht von mir, Bäume zu setzen, die bis in deinen Himmel wachsen, das würde nicht gutgehen."

„Gibt es auch Pflanzen im Wasser? Oder ganz oben auf meinen Bergen?"

„Ganz oben auf den Bergen gibt es nur noch Flechten. Wie soll da etwas anderes leben können? Aber im Wasser, da wirst du staunen, was ich mir alles ausdenke. Und wer bekommt dann das Lob heute Abend?"

„Natürlich du Ruah, ich weiß schon, und zur Belohnung den ersten Blumenstrauß, der hier auf deiner Erde gepflückt wurde."

„Darauf freue ich mich schon, und nun steh mir nicht im Weg, ich habe viel vor."

„Aber wenn mir etwas einfällt, das du vergessen hast, vielleicht einen Kaktus oder einen Löwenzahn oder ein Männertreu, dann darf ich das auch machen, oder?"

„Aber sicher, ich glaube, das wird ein sehr schöner Tag, wenn wir beide abwechselnd etwas wachsen lassen, und jeder kann das bewundern, was der andere gemacht hat, sogar einen Kaktus."

„Und heute Abend können wir uns auf eine fertige bunte Wiese setzen und sagen, es ist gut, nicht wahr?"

*Fünfter Tag*

„Heute ist Vatertag, meine Liebe, heute bin ich in Form. Ich werde Tiere erschaffen, du wirst staunen. Du darfst natürlich mitmachen, aber die großen, die überlass mir, ja? Mir prickelt es schon in den Händen, also fangen wir gleich an.“

„Kein Problem, für die kleinen braucht man Fingerspitzengefühl, und das habe ich mehr als du, stimmt’s? Ich werde also mit Hasen, Kätzchen und Eichhörnchen anfangen – und dann weitergehen zu Mäusen und noch kleiner, zu Käfern, Ameisen, Blattläusen und Insekten und zu winzigen Mikroben, einverstanden?“

„Ja, natürlich, schau, das ist ein Pferd, und dort hinten erhebt sich gerade ein Elefant, und ein Bär kommt aus der Höhle, und etwas ganz besonderes rennt hier über die Steppe, ein Dinosaurier. Da staunst du, was? Und vergiss nicht, immer zwei zu machen, ein weibliches Tier und ein männliches“.

„Ich weiß, sie sollen sich ja vermehren, es ist genug Platz da für alle. Nur pass bitte auf, dass die Großen nicht die kleinen übertrampeln oder ausrotten, alle sollen ihren Lebensraum haben und sich geborgen fühlen.“

„Versprochen, und heute Abend sollen sie alle einmal an uns vorbeigehen, unsere Wundertiere, sie werden unseren Segen bekommen, und wir werden sehen, dass es gut ist.“

„Genau, darauf freue ich mich schon.“

*Und Gott sprach: Lasset uns Menschen machen, ein Bild, das uns gleich sei* (1. Mose 1, Vers 26).

Und so wurden sie als Frau und Mann erschaffen und als Mutter und Vater.

## *4 Mutter, Vater und Kinder*

Da sitzt er schon wieder und grübelt, was will er denn noch? Alles, was wir bisher geschaffen haben, ist sehr schön. Aber ich weiß, ich muss mich gedulden.

„Ruah, was hältst du davon? Ich meine, es wäre gut, ein Geschöpf zu haben, das uns ähnlich ist, mit dem wir reden können, das mit uns reden kann und das sozusagen die Oberaufsicht über unsere Erde übernimmt. Machst du mit? Ohne dich kann ich das nicht, es soll so eine Art Kind für uns sein, und ein Kind braucht Mutter und Vater, was meinst du?"

„Das ist eine wunderbare Idee, ich hatte auch schon darüber nachgedacht. Kinder für uns, nachdem wir alles so schön vorbereitet haben. Ich werde dir von meiner besten Muttererde geben, dann formen wir diese Geschöpfe, und dann hauchst du ihnen deinen Atem ein."

„Danke, Ruah, schau, so machen wir einen Menschen, das soll sein Name sein, ich habe ihn nach unserem Bild gemacht, ist er nicht gut gelungen? Wir können richtig stolz auf ihn sein. Er soll Adam heißen, unser erstes Kind, und wenn er aufwacht, wird er staunen über all das, was wir in den letzten Tagen geschaffen haben."

„Gut, mein Lieber, aber du hast etwas vergessen. Du hast bei der Erschaffung der Tiere gesagt, es sollen immer zwei sein, Weibchen und Männchen. Genau das braucht Adam auch. Er braucht eine Gefährtin, ein Gegenüber, sonst wird er immer allein bleiben und einsam, ohne Kinder, ohne seine zweite Hälfte, die ihn zu einem ganzen Menschen macht. Genauso wie es bei uns ist, auch bei uns ist es nicht gut, dass einer von uns allein ist."

„Ja, natürlich, du hast ja Recht. Wie soll ich die Frau machen?"

„Die Frau mache ich, mein lieber Mann, dafür bin ich zuständig. Weißt du, so ab und an hast du diese merkwürdigen Ich-kann-alles-Anwandlungen. Von Frauen verstehe ich mehr als du. Also, komm wieder runter von da oben, du Luftikus, und bleib auf dem Boden bei mir. Jetzt darfst du zur Abwechslung mal mir zuschauen. Also, ich forme die Frau auch aus Muttererde, natürlich, ich gebe ihr meine besonderen Zutaten: Weisheit, Fürsorge, Liebe, Achtsamkeit, denn sie ist vor allem nach meinem Bild gemacht. Und du hauchst ihr wieder deinen Atem ein. So machen wir es immer, und so soll es auch bleiben. Ich kann nichts erschaffen ohne dich, und du nicht ohne mich. Du brauchst meine Erde und ich deinen Atem, anders gibt es keine Kinder. Und nun schau sie dir an, ist sie nicht wunderbar?“

„Wie heißt sie?“

„Sie heißt Eva, unsere beiden ersten Kinder heißen Eva und Adam. Sie sollen wie zwei feste Säulen sein, die mit einem hohen runden Rippenbogen verbunden sind, eine Säule auf der rechten Seite und eine auf der linken Seite, mit einem starken tragenden Bogen. Und Eva trägt die eine Hälfte des Himmels und der Erde und Adam die andere Hälfte. Beide gehören zusammen, wie wir auch. Ist das gut?“

„Das ist sehr gut, komm wir setzen uns ins Gras und betrachten sie, sie werden bald aufwachen.“

## *5 Die Rose und der Affenbrotbaum*

„Was ist los, Ruah, du bist auf einmal so ruhig, und in deinem Gesicht sehe ich Freude und Traurigkeit zugleich. Was bedrückt dich?“

„Ach, ich habe auf einmal zwei ganz verschiedene Bilder. Du weißt, dass mir manchmal ohne mein Zutun solche Bilder in den Sinn kommen. Dieses Mal macht mich eines glücklich und eines traurig. Ich werde sie dir erzählen, wenn du willst.“

„Aber sicher möchte ich das, ich liebe deine Bilder. Sie sind sehr wichtig. Ich weiß, dass in ihnen viel zu finden ist, nicht nur blühende Wiesen, sondern auch tiefe dunkle Täler. Aber sie sind deshalb auch eine Mahnung und können eine Heilung sein. Teile sie mit mir, Ruah. Was siehst du, wenn du Eva und Adam anschaust?“

„Ich sehe eine Rose und einen Affenbrotbaum.“

„Eine Rose und einen Affenbrotbaum? Erkläre mir das, meine Liebe, ich habe keine Ahnung, was das bedeutet.“

„Also, zuerst das Bild, das mich froh macht. Die Rose und der Affenbrotbaum wachsen nebeneinander auf, beide in derselben Erde und aus kleinen Samen, allerdings aus verschiedenen Samen.“

„Ich weiß, das musst du mir nicht erklären."

„Jetzt sei still mein Lieber und hör mir zu. Sie wachsen, und die Rose bekommt Blüten, bunte Blüten und duftende Blüten. Der Affenbrotbaum wächst und spürte, wie sein Stamm kräftiger wird, wie die Äste sich ausbreiten und Blätter bekommen, viele Blätter. Er ist der Rose dankbar – für ihre Blüten und ihre Düfte, denn ohne diese kann er nicht wachsen und am Leben bleiben. Die Rose wiederum wird von ihm mit seinen Ästen und Blättern beschützt – dafür ist sie ihm dankbar.

Und Dankbarkeit ist wie Sonne und Regen, beides brauchen sie zum Gedeihen.

Sie sind unterschiedlich, aber mit ihren Gaben sorgen sie füreinander. Sie achten sich gegenseitig und wissen um den Wert des anderen."

„Das ist ein sehr schönes Bild, Ruah, wollen wir es in unsere Schatzkammer tun, in unser Herz?"

„Ja, da gehört es hin."

„Und nun erzähl mir von deinem anderen Bild, ich höre zu."

„Ich sehe den Affenbrotbaum wachsen, er spürt seinen starken Stamm, die Äste, die immer höher streben, und hunderte von Blättern. Das fühlt sich gut an. Und von diesem Gefühl möchte er mehr, es verleiht ihm Macht, und diese Macht verspricht ihm, dass er unverletzbar ist. Und so kann er der Versuchung, weiter zu wachsen, nicht widerstehen. Er fängt an zu wuchern, es ist wie ein Rausch. Er verliert die Rose aus dem Blick, ihre Farben und Düfte, und er vergisst, dass er sie zum Leben braucht. Er drückt die Rose auf die Seite und nimmt ihr den Lebensraum, den sie braucht, und nicht nur der Rose, auch allen anderen Wesen. Er zerstört damit alles um sich herum, und letzten Endes auch sich selbst."

„Ach, Ruah, das ist ein trauriges Bild, und was geschieht dann?"

„Die Rose weint, sie hat nur noch wenige Blüten, und diese braucht sie für sich selbst zum Überleben. Sie versucht, sich mit dornigen Zweigen zu schützen, und sie weint. Sie versucht, ihr Bild wieder in sein Herz zu pflanzen, denn man sieht nur mit dem Herzen gut, aber sie hat nur noch Dornen."

„Und nun weinst du auch, Ruah."

„Ja, und ich weiß nicht, woher ich dieses Bild habe. Es ist einfach da, und ich weine um beide."

„Es ist traurig dieses Bild, aber es ist wichtig, sonst hättest du es nicht vor Augen. Es ist ein Aufruf zum Innehalten, zum Nachdenken und zur Umkehr. Wir werden es neben dem anderen in unserem Herzen aufbewahren, es könnte eines Tages unseren Menschen die Augen öffnen, wenn es nötig ist."

„Ja, es könnte heilsam sein, das denke ich auch. Heilsam für unsere Menschen und die Erde."

„Geht es dir jetzt wieder besser, Ruah? Dann lehnen wir uns zurück an den warmen Stamm der Eiche hinter uns. Wir genießen die blühende Wiese, die Sonne, die Schmetterlinge und die Vögel. Und wir werden wieder froh sein."

„Eva und Adam schlafen immer noch."

„Ja, sollen wir sie aufwecken? Ich glaube, wir haben zwei Schlafmützen erschaffen, sie brauchen einen Hahn, der drei Mal kräftig kräht, dann werden sie schnell wach werden. Soll ich einen rufen? Jetzt lachst du wieder, Ruah, sehr gut, da bin ich beruhigt."

„Ich liebe es, wenn du deinen Humor hervorholst, weißt du was? Das würde auch unseren Menschen guttun. Wir werden ihnen eine gute Portion Humor zuteilen, eine kleine Nachbesserung."

„Einverstanden, bessern wir sie nach. Aber dann wecken wir sie!"

## *6 Der siebter Tag*

*Mutter Ruah erzählt*:

„Am siebten Tag waren wir müde, aber angenehm müde, wie man sich nach einer langen erfolgreichen Woche fühlt. Wir haben uns ausgeruht, und wir waren zufrieden mit dem, was wir gemacht haben, mit der Erde, mit dem Himmel, mit unseren ersten zwei Kindern. Vater Gott hat eine Weile im Schatten einer Weide geschlafen, und ich habe dem kleinen Bach zugeschaut, der unter der Weide vorbeigluckerte. Wir haben dann später noch einen Spaziergang gemacht, Hand in Hand, es war ein rundum glücklicher Tag.

Eva und Adam waren irgendwo im Gelände, sie wollten Namen verteilen an die Tiere und Pflanzen, damit würden sie sicher die nächste Zeit beschäftigt sein.

Und wir, Vater Gott und ich, waren uns einig, nun in aller Ruhe abzuwarten, was sich weiter entwickelt. Und es hat sich vieles entwickelt, oh ja. Aber das ist eine andere Geschichte, eine lange und auch immer wieder verworrene, chaotische Geschichte. Aber wir sind ja da, und wenn es uns zu bunt wird, werden wir dann schon eingreifen."

## *7 Adam I*

Es ist ja recht schön hier im Garten Eden, aber irgendwie nicht ganz so paradiesisch, wie ich es mir gewünscht hätte. Es gibt Dinge, über die ich mich ärgere. Eva ist nicht immer so, wie ich mir eine Traumfrau vorstelle, ich hätte sie ein wenig anpassungsfähiger gemacht. Aber ich bin nicht Vater Gott oder Mutter Ruah, man hat mich nicht gefragt.

Sie ist eigensinnig und bildet sich ein, alles Mögliche besser zu wissen als ich. Sie tut oft einfach, was sie will. Also, ein Beispiel: Sie hat es fertiggebracht, dass der Löwe hinter ihr herläuft wie ein Kätzchen. Sie lachen und spielen miteinander, und wenn er mal seine Krallen ausfährt und brummt, dann hebt sie einfach die Hand, sieht ihn an, flüstert ihm etwas zu, und er schüttelt den Kopf und legt sich hin.

Ich habe versucht, dieselbe Macht über ihn auszuüben, ich habe ihm klar gemacht, dass er nur ein Tier ist und mir gehorchen muss. Notfalls nehme ich einen Stock und haue ihm auf die Pfoten, dann muss er kuschen. Aber er wird dann aggressiv, und ich weiß, dass er stärker ist als ich. Ich riskiere noch keinen Kampf mit ihm.

Doch eines Tages werde ich etwas haben, das ihn spuren lässt, mir wird schon etwas einfallen, ich werde ihn schon klein kriegen.

Eva natürlich behauptet, ich würde es falsch machen, ich müsse anders mit ihm umgehen. Sie sagt, er sei auch stärker als sie – als wenn ich das nicht wüsste. Trotzdem hat sie ihn unter Kontrolle. Sie will mir weismachen, dass ich mit ihm reden müsse. Das ist ausgesprochen albern. Tiere sind Tiere, und Menschen sind Menschen. Das ist doch ein riesiger Unterschied.

Sie ist überzeugt, dass er versteht, was sie zu ihm sagt. Sie redet sogar mit den Pflanzen. Sie behauptet, dann würden sie besser wachsen und schöner blühen. Als wenn sie Macht hätte, Pflanzen wachsen und blühen zu lassen, das machen die doch allein. Sie hat irgendeinen Trick, den Löwen zu zähmen, den sie mir natürlich nicht verraten will. Ich weiß schon, sie will mich einfach klein haben, damit sie das Sagen hat.

Überhaupt, ich komme mir manchmal vor, wie an der Nase herumgeführt von Vater Gott und Mutter Ruah.

Da erklären sie uns, wir wären ein Abbild von ihnen, aber sie haben mir nicht alles gegeben, was mir zugestanden hätte. Zum Beispiel die Tatsache, dass ich kein Leben erschaffen kann und dass Eva es kann. Sie kann Kinder bekommen. Natürlich nicht ohne mich. Aber sie kann entscheiden, ob oder wann und wie viel, und ich kann mich auch nicht weigern, denn sonst gibt es gar keine Nachkommen mehr.

Und außerdem – ich finde, das ist das Allerschlimmste –, und warum die Eltern das so gemacht haben, das kann ich nicht verstehen: Sie hat mich in der Hand, sie kann mich verführen, sie hat die Macht, nicht ich!

Aber es gibt eine Möglichkeit, dass ich sie lehren kann, mir nicht immer zu zeigen, dass sie besser ist als ich, jawohl. Da ist nämlich dieser Apfelbaum, von dem wir nicht essen dürfen. Angeblich werden wir von diesen Äpfeln weise und mächtig, so wie Vater Gott und Mutter Ruah. Aber die haben sie uns verboten, sie wollen also doch nicht, dass wir so werden wie sie.

Es sind so viele Äpfel, dass niemand merkt, wenn einer fehlt, und was kann schon passieren?

Außerdem ist Eva letzten Endes schuld, wenn ich mir so einen Apfel hole.

Warum ist sie so überheblich, weiß alles besser, fühlt sich als Herrin im Paradies und ist natürlich damit sehr zufrieden.

Da ist es doch wirklich zu verstehen, wenn ich einen dieser Äpfel pflücke.

Ich werde ihn heimlich essen, und dann bin ich auch zufrieden.

Eva braucht ihn ja nicht, aber mit ihrer ganzen Art hat sie mich dazu verführt, das Verbot zu umgehen, ich habe ein Recht darauf, und das werde ich mir jetzt nehmen!

## *8 Adam II*

Es ist alles schiefgegangen, sie haben mich wieder reingelegt. Der Apfel hat mir keine Macht gegeben, nichts ist besser als vorher. Im Gegenteil, ich kann immer noch keine Kinder bekommen, der Löwe mag mich nicht, Eva ist sauer auf mich, und wir sitzen hinter dem Gebüsch und haben Angst, dass Vater Gott und Mutter Ruah uns entdecken.

Aber eine Tatsache bleibt, und die werde ich den Eltern schon beibringen: Sie sind schuld an allem, weil sie Eva besser gemacht haben als mich, und Eva ist schuld, weil sie mich das immer wieder spüren lässt.

Das Einzige, was ich an Erkenntnis und Wissen mehr bekommen habe, ist die Tatsache, dass Eva und ich Menschen sind, nackte kleine Menschen, überhaupt nicht so gottähnlich wie versprochen. Und dass wir den Eltern hilflos ausgeliefert sind. Ich hasse dieses Gefühl, ich hasse es, wenn ich klein bin. Ich hasse es, wenn mir jemand vorschreibt, was ich tun darf und was nicht. Ich hasse es, aber ich gebe mich nicht geschlagen, ich werde es ihnen allen schon zeigen!

## TEIL ZWEI (Altes Testament)

### *9 Adam III*

Sie haben uns rausgeworfen aus dem Garten Eden! Vielleicht ist das gar nicht mal so schlecht. Jetzt kann ich versuchen, selbst stark und mächtig zu werden, ich brauche keinen Apfel dazu, der nicht wirkt.

Eva werkelt eifrig in der Hütte und im Garten herum, sie scheint nicht halb so zornig zu sein wie ich. Aber sie wird es auch noch zu spüren bekommen, dass sie sich immer für etwas Besseres gehalten hat. Sie ist schwanger, und eine Geburt ist kein Zuckerschlecken. Aber immerhin, wir werden ein Kind bekommen, und ich bin daran beteiligt, also ist es auch mein Kind. Wir haben keine Nachbarn, so bin ich darüber sicher. Sie wird eine Mutter und ich ein Vater, aber ich weiß noch nicht so richtig, ob ich das gut finde. Sie wird dann vielleicht noch mehr aufmucken und sich nicht fügen, aber ich werde ihr dann schon ihre Grenzen zeigen.

Mit dem Löwen habe ich das ja auch geschafft da draußen, ich habe jetzt Pfeil und Bogen, ich kann ihn töten, wenn er frech wird.

Ich kann hier nun sogar das tun, was Vater Gott gesagt hat. Er hat uns nämlich gesagt, klar und deutlich: „Macht euch die Erde untertan!“ Das ist doch leicht zu verstehen. Wir sind die Menschen, und wir haben das Sagen.

Pflanzen, Tiere und alles ist für uns da, und nicht umgekehrt.

Aber Eva behauptet, er hätte das nicht so gemeint, er hätte uns erklärt, wir dürften uns von allem nehmen, was wir zum Leben brauchen, aber wir dürften die Erde nicht ohne Sinn und Verstand ausbeuten – weder das, was auf der Erde ist, noch das, was darunter ist. Wir müssten Tiere und Pflanzen und alles mit Respekt und Achtsamkeit behandeln.

Und nun macht Eva etwas ganz Lächerliches: Sie ist nach wie vor der Meinung, dass man mit Pflanzen und Tieren reden könne, so wie sie es aus dem Paradies gewöhnt ist. Das ist Unsinn. Wir sind nun mal nicht mehr in Eden. Aber sie unterhält sich weiter mit allen, sie bedankt sich beim Salat, bei den Hühnern, weil sie für uns da sind, und gestern hat sie sogar die Steine, mit denen ich den Ofen baue, gestreichelt und etwas gemurmelt. Einen Baum hat sie umarmt, weil er uns Holz gibt fürs Feuer und für Tisch und Stühle. Sie hat sich bei dem toten Kaninchen bedankt, das ich für uns erlegt habe. Eigentlich müsste sie mir dafür danken, denn wir brauchen es ja schließlich zur Nahrung.

Das ist absolut albern. Ich weiß, das hat ihr Mutter Ruah eingeredet, da steckten sie die Köpfe zusammen im Garten Eden, die beiden Frauen und meinten, ihre weisen Worte seien wichtiger als meine Klugheit. Sie wird schon noch merken, dass sie damit falsch liegt.

## *10 Eva und die Enkelkinder*

„Es regnet schon den ganzen Tag, Oma, und wir können nicht raus. Mama hat gesagt, wir sollen zu dir gehen."

„So, hat sie gerade die Nase voll von euch? Na ja, dann setzt euch her, ihr wollt sicher eine Geschichte hören."

„Ja, Oma, erzähl von früher, erzähl, wie ihr, Opa Adam und du, auf einmal hier gewesen seid, und nicht mehr im Garten Eden."

„Aber diese Geschichte kennt ihr doch bereits, die habe ich doch schon ein paar Mal erzählt."

„Ja, Oma, aber es ist eine gute Geschichte, erzähl, Oma."

„Na gut, setzt euch hin und seid brav. Also, wir mussten umziehen, das wisst ihr ja. Es gab Streit zwischen Opa Adam und den Eltern, wir durften nicht mehr im Garten Eden bleiben. Und so sind wir hier gelandet, und es war ganz anders als im Paradies. Das heißt, so anders nun auch wieder nicht, denn es sah ähnlich aus wie dort. Mutter Ruah und Vater Gott hatten dafür gesorgt, dass es hier dieselben Tiere gibt, dieselben

Pflanzen, die Erde, Berge, Seen, Flüsse, Wälder, Sonne, Mond und Sterne. Aber es war uns trotzdem alles fremd.

Es gab auf einmal von allem auch das Gegenteil. Es gab Sommer mit Hitze und Winter mit Schnee und Eis. Es gab Stürme und Unwetter und dann wieder laue, warme Tage. Es gab Überschwemmungen, und die Berge spuckten Feuer und Rauch. Das kennt ihr ja alles, aber für uns zwei war es neu und machte uns Angst. Wir waren es nicht gewöhnt, dass Tiere miteinander kämpfen, sogar Pflanzen machen das, dass es Gewinner und Verlierer gibt. Im Garten Eden war alles ein friedliches Miteinander. Wir fühlten uns damals sehr hilflos."

„Und ihr seid ganz allein gewesen, nur du und Opa Adam."

„Ja, das Leben war hart hier. Wir haben uns zuerst einmal eine Höhle gesucht, in der wir wohnen konnten, wir brauchten Schutz vor Kälte, Sturm, Hitze und auch vor gefährlichen Tieren. Wir machten Lager aus Zweigen, Blättern und Moos. Adam hat Werkzeuge hergestellt, er hat Steine scharf geschliffen, Fallen gebaut und aus Holz Tragen gebastelt, und schließlich von erlegten Tieren die Felle getrocknet. Wir brauchten ja auch Kleider und etwas zu essen. Ich bin auf die Suche nach Beeren gegangen. Ach, da habe ich oft geweint, weil ich ans Paradies gedacht habe, dort konnte ich alle unsere Tiere streicheln und ohne Angst herumspazieren. Hier sind sie entweder scheu und laufen davon, oder sie lauern uns auf und fallen uns an. Sie haben andere Sprachen, viele verschiedene, die ich nicht mehr verstehe. Und bei den Pflanzen und den Beeren war es genauso, manche kann man essen, manche sind giftig, manche wachsen von allein, andere muss man pflegen und gießen, damit sie nicht vertrocknen. Im Paradies gab es das alles nicht. Ich hatte so viele Fragen, und niemand konnte sie beantworten."

„Aber die Eltern im Himmel haben euch trotzdem geholfen, nicht wahr, Oma?"

„Du hast recht, und ich habe auch immer an sie gedacht, nur konnten wir nicht mehr so direkt mit ihnen reden wie vorher und sie um Rat fragen. Wir mussten unsere Probleme irgendwie selbst lösen. Das heißt, ich konnte ihnen schon erzählen, was mich bedrückt, und das tat ich auch, aber ich wusste nicht, ob sie mich hören."

„Und Opa Adam, wie ist es ihm gegangen?"

„Opa Adam hat gemeint, er sei hier stark geworden, vom Arbeiten, er komme ganz gut zurecht. Nur manchmal, wenn die Erde bebte oder es tagelang regnete, so dass die Flüsse übers Ufer traten und alles mitgerissen haben, dann hatte er Angst – immer noch vor dem Zorn von Vater Gott. Und mir hat vor allem Mutter Ruah gefehlt."

„Ich habe auch manchmal Angst, Oma, aber es geht vorbei. Und du erzählst uns jeden Tag von den Zeichen, an denen du erkennst, dass Mutter Ruah und Vater Gott immer noch für uns alle da sind."

„Genauso ist es. Immer kommt nach schweren Tagen die Zuversicht wieder. Es regnet nach einer langen Zeit der Trockenheit, das war sicher Mutter Ruah. Der Sturm wirft einen Baum um, und wir können mit ihm eine Hütte vor die Höhle bauen: *Danke, Vater Gott!* Morgens glitzert der Reif auf dem Gras in der Sonne, und manchmal steht ein farbiger Bogen am Himmel. Wir finden neue gute Früchte, und immer wieder, so zuverlässig wie unsere Eltern sind, kommt nach der Nacht ein neuer Tag und nach dem Winter ein Frühling, die Pflanzen wachsen, und die Tiere bekommen Junge."

„Siehst du Oma, es ist eine gute Geschichte, und du und Opa, ihr habt wirklich schon viel erlebt"

„Ja, aber nun trollt euch, ich brauche noch ein wenig Ruhe, und der Regen hat aufgehört."

## *11 Perlen und Gebote*

*Mutter Ruah*. „Was meinst du, mein Lieber, haben wir es richtig gemacht? Sie haben nun einen eigenen Willen, Verantwortung, Entscheidungsmöglichkeiten, sie können eigene Wege gehen, und sie wissen, was gut und böse ist, richtig und falsch. Aber werden sie auch verantwortungsvoll damit umgehen können?“

„Ich bin – ehrlich gesagt – auch ein wenig in Sorge deswegen, Ruah. Gut, sie haben das alles von uns bekommen, nicht als Strafe, sondern als Chance. Sie sind keine Kinder mehr, sie müssen arbeiten, füreinander sorgen, sie müssen lernen, miteinander umzugehen, ohne sich zu schaden, und das alles in einer neuen Welt. Und bald wird es mehr Menschen geben, das macht es nicht leichter.“

„Wie können wir ihnen dann helfen?“

„Nun, ich habe nachgedacht und beschlossen, ihnen zehn Verbote zu verordnen, an die sie sich halten müssen. Das brauchen sie. Und ich möchte diese Verbote in eine Steintafel eingravieren, unzerstörbar für alle Zeiten.“

„Ja, das klingt nicht schlecht. Nur, Verbote mögen sie nicht. Sie werden dagegen aufbegehren und verstoßen. Wie wäre es mit zehn Perlen statt mit zehn Verboten?“

„Perlen, Ruah, wie soll das gehen?“

„Wir werden Perlen machen, klein, rund, schimmernd und stärker als Verbote. Die werden wir ihnen ausleihen. Zum Beispiel soll eine aus Mitgefühl bestehen, eine aus Vertrauen, eine aus Respekt voreinander, eine aus Zufriedenheit und eine aus Dankbarkeit.“

„Das gefällt mir, Ruah, ich habe auch noch Vorschläge. Wie wäre es mit einer Perle für Mut und einer, die hilft, Grenzen anzuerkennen und zu setzen, eine für heilsame Stärke, wenn nötig, eine mit Trost gegen Angst, und die zehnte schenkt ihnen einen Ruhetag in der Woche, so wie wir es gemacht haben. Der Ruhetag ist wichtig!“

„Genau so habe ich mir das vorgestellt. Unsere Perlen sollen Wegweiser sein, um nicht in die Irre zu gehen, und Leuchttürme, die sie davor warnen, an gefährliche Klippen zu geraten, an denen man zerschellen kann.“

„Du hast wieder schöne Bilder dafür, Ruah. Ich hoffe nur, sie werden unsere Perlen nicht einfach vor die Schweine werfen."

„Das können sie nicht, denn sie werden ganz tief in ihren Wünschen sein, in ihren Träumen und in ihrer Sehnsucht, auch wenn sie es leugnen. Und dort werden sie immer schimmern.

Und nun habe ich noch etwas für unsere Menschen, mein Lieber. Drei immer gültige Weisungen. Eine soll sie mahnen: *Ehret und achtet eure Eltern im Himmel, dann werdet ihr nicht in die Versuchung kommen, euch andere Götter zu basteln oder euch selbst für Halbgötter zu halten*.

Die zweite fordert sie auf: *Versucht, mit euren Mitmenschen in Frieden und gegenseitigem Respekt zu leben, und liebt eure Kinder, das macht euch das Zusammenleben leichter, und ihr werdet vor gedankenlosem Egoismus bewahrt*.

Und die dritte Weisung besagt: *Liebt euch selbst, mit allen Gaben und Fähigkeiten, die ihr habt, auch mit euren Fehlern, nehmt euch an, wie ihr seid. Dann wird in eurem Leben die Dankbarkeit überwiegen, und die dunklen Wolken, die nicht immer zu vermeiden sind, werden vorüberziehen. Und vergesst nicht, dass ihr alle unter unserem Regenbogen lebt*."

„Das sind sehr schöne Weisungen, Ruah."

„Ja, und das sind drei Gebote, die wir in Stein meißeln könnten, um sie dann zu den Menschen zu bringen."

„Sehr gut, so komme ich doch noch zu meiner Steintafel, Ruah. Was habe ich für eine erstaunliche Frau!"

## *12 Beeren sammeln*

„Oma Eva, unsere Körbe sind schon ganz voll, können wir eine Pause machen?"

„Aber sicher, Kinder, kommt, wir setzen uns hier ins Gras und ruhen uns aus. Ihr seid sehr fleißig gewesen."

„Erzählst du uns zur Belohnung wieder eine Geschichte? Es ist gerade so gemütlich, und wir haben doch Zeit."

„Ja, ihr kleinen Plagegeister, aber nur wenn ihr schön still zuhört."

„Das tun wir doch immer, Oma."

„Also, ich denke da an einen Tag wie heute. Opa Adam und ich hatten einen langen Winter hinter uns, unsere Vorräte waren fast alle aufgebraucht, und wir waren hungrig. Ich war schon ein paar Mal zu meinen Beerenplätzen gegangen, aber es gab nur sehr wenige. Da habe ich beschlossen, am nächsten Tag in eine Gegend zu gehen, in der ich noch nie war, weiter weg, und die ich oft ganz in der Ferne sah, mit Bergen und Wäldern, vielleicht würde ich dort mehr finden.

Ich ging also ganz früh los und kam gegen Mittag an eine Stelle im Wald, wo es steil bergab ging. An solchen Hängen kann man oft viel ernten. Doch diese Schlucht wurde immer tiefer und dunkler und nasser und war voller Steine und Ungeheuer, die man nicht sehen konnte, aber hören.

Schließlich war ich ganz unten in einem tiefen finsteren Tal."

„Warum bist du nicht zurückgegangen, Oma?"

„Es war zu steil, ich hätte es nicht wieder hoch geschafft, außerdem brauchte ich Beeren. Ich habe mich so gefürchtet, dass ich mir mein Tuch über den Kopf gezogen habe, ich habe mir einen langen festen Stock gesucht und meinen scharfen Stein, den ich immer bei mir trage, fester gefasst. Und so bin ich in der Schlucht weitergegangen, einem kleinen Bach entlang bergab, durch Dornengestrüpp über tote Äste und an steilen Felsen vorbei. Dann habe ich an Mutter Ruah und Vater Gott gedacht und mir vorgestellt, sie seien neben mir, sie links und er rechts. Das hat mich getröstet. Und nach einer Weile wurde das Tal auf einmal breiter und heller und wärmer, die Sonne schien durch die düsteren Bäume, und die hohen Wände wurden niedriger und flacher. Und dann kam ich am anderen Ende wieder unbeschadet heraus."

„Ein Glück, Oma, da warst du sicher sehr froh."

„Ja, das war ich. Und wisst ihr, was ich gefunden habe? Überall habe ich Beeren gefunden, in Hülle und Fülle, eine Quelle mit frischem Wasser, ein Büschel Beinwell, das ich auf meine Kratzer und Schürfwunden an Armen und Beinen legte.

Ich war voller Dankbarkeit, denn mir war klar geworden, dass die Eltern – in geheimnisvoller Weise – immer noch an meiner Seite waren, auch wenn ich zwischendurch Zweifel hatte."

„Und dann hast du deine Körbe vollgepflückt und aus der Quelle getrunken und Beeren gegessen."

„Genau, das habe ich gemacht. Ich musste auf dem Heimweg wieder zurück durch dasselbe Tal, aber diesmal hatte ich mehr Vertrauen, dass ich behütet werde, und ich brachte viel zu essen mit nach Hause."

„Hast du es Opa Adam erzählt?"

„Sicher, und er hat gesagt, dass auch er wisse, was Angst sei, und dass er das Gefühl der Verlassenheit kennen würde. Man kann also doch mit ihm über solche Dinge reden, habe ich da gemerkt. Ich wusste, es würde immer wieder vorkommen, dass man durch ein dunkles Tal muss, Angst hat und sich allein fühlt. Und dann denkt man, Mutter Ruah, Vater Gott, wo seid ihr? Im Himmel, auf den Wolken, im Blitz und Donner, auf einer blühenden Wiese, weit weg oder ganz nah? Auf einem Berg ganz oben oder in einer tiefen Schlucht ganz unten? In der Sonne, im Mond, bei den Sternen? Wir wissen es nicht."

„Aber du sagst immer, sie sind da, Oma, das hast du zu uns schon oft gesagt."

„Ich bin froh, dass ihr das nicht vergessen habt, Kinder. An diesem Tag als ich am Abend im Bett lag, spürte ich den Wunsch nach einer Freundin so stark wie noch nie. Nach einer Frau, die so ähnlich denkt und fühlt wie ich, nach anderen Menschen. Opa und ich waren immer noch allein.

Opa spricht nicht viel, das wisst ihr, er ist meistens den ganzen Tag unterwegs. Abends ist er müde, fällt aufs Lager und schläft ein. Und wenn er mal mehr Zeit hat, dann beschäftigt er sich mit seinen Werkzeugen oder muss die Hütte ausbessern, und man darf ihn nicht stören. Zusammen sitzen und reden und erzählen, dazu kam es auch damals schon kaum, das fehlte mir sehr."

„Aber bald darauf habt ihr Menschen gefunden, Oma, das

hast du schon ein paar Mal erzählt. Sie waren auf der anderen Seite des Flusses. Und heute gibt es so viele, dass du immer jemanden findest, wenn du dich allein fühlst. Außerdem sind wir ja jetzt da, Oma, deine Enkelkinder, und das ist auf jeden Fall das Allerbeste, nicht wahr?"

## *13 Aus Evas Tagebuch*

Unser ganzes Leben hat sich verändert! War das die Antwort auf meine Bitte an die Eltern? Wir haben Menschen gefunden, Menschen wie Adam und ich. Sie sehen so aus wie wir, sie leben auf der anderen Seite des großen Flusses, an dem wir endlich eine Stelle gefunden haben, die so flach ist, dass wir hinüberwaten können.

Haben Vater Gott und Mutter Ruah sie uns geschickt? Die Menschen wissen es selbst nicht, sie wissen nicht, woher sie kommen.

Es sind Frauen und Männer und Kinder, wir haben uns zuerst mit Zeichensprache unterhalten, inzwischen verstehen wir uns besser. Wir tauschen Erfahrungen aus, die Männer und Väter jagen zusammen, und mit den Frauen und Müttern kann ich reden. Wir sitzen oft ums Feuer, und sie werden mir helfen, wenn unser Kind kommt.

Ich bin sehr froh, ich danke den Eltern. Das schlimme Gefühl, verlassen und allein zu sein, ist nun viel besser geworden. Natürlich gibt es auch ein paar neue Probleme: Streit um Jagdgründe, um den erlegten Büffel, manchmal um einen schönen Pelz, um die besseren Werkzeuge. Wer darf bestimmen, wer nicht? Wer gehört zu wem? Man findet manche Menschen nett und sympathisch, anderen geht man lieber aus dem Weg. Man überlegt: „Sind die Älteren klüger oder die Jüngeren? Wer ist der Anführer oder die Anführerin?"

Aber ich bin voller Zuversicht, dass wir Wege finden, um friedlich miteinander leben zu können. Ich denke, es wäre gut, wenn wir dazu Hilfe hätten, und ich habe Vater Gott gebeten, uns dabei zu helfen, und Mutter Ruah, uns von ihrer Liebe und Weisheit abzugeben. Ich bin sicher, dass sie es gehört haben und uns ihren Segen geben.

## *14 Eine Schafherde und ein Regenbogen*

*Vater Gott*: „Unsere Menschen werden immer mehr, wir haben inzwischen ziemlich zu tun, sie alle im Auge zu behalten. Am liebsten würde ich, so wie sie es mit ihren Schafen machen, einen Zaun bauen, damit sie zusammen unter unserer Aufsicht bleiben. Wer weiß, was sie sonst alles anstellen mit sich und ihren Nachbarn und den vielen anderen Völkern, und sich dann in Gefahr bringen."

*Mutter Ruah*: „Das ist vielleicht ganz gut, mein Lieber, nur solltest du an einer Stelle den Zaun offenlassen. Wir haben ihnen nun einmal Eigenverantwortung gegeben, Weisheit und noch vieles mehr, wir können sie jetzt nicht einfach wieder einsperren und alle Wölfe weghalten, sie sind keine unmündigen Schafe, die einfach nach deiner Pfeife tanzen. Sie sollen und müssen entscheiden, wollen, wünschen, Erfahrungen machen, wachsen, lieben, streiten, Grenzen anerkennen, aber auch übertreten dürfen und einander achten und füreinander sorgen."

*Vater Gott*: „Ich weiß ja, ich weiß! Aber was, wenn dann eben eins der Schafe davonläuft, weil es sich über die anderen in der Herde erhaben fühlt? Es braucht sie nicht, es ist groß und stark, und es meint, es sei ein ganz besonders auserwähltes Schaf. Es will mehr Platz, den besten, nur für sich, und alle Tiere müssen sich vor ihm verbeugen. Es gibt ab und zu so hochmütige Schafe."

*Mutter Ruah*: „Das wird bestimmt vorkommen, und wir werden sehr traurig darüber sein. Aber dann gibt es drei Möglichkeiten: Als Erstes werden wir es suchen, und ihm, wenn wir es finden, klar machen, dass es ein ganz normales von uns geliebtes Schaf ist und kein König der Löwen und dass es umkehren soll. Vielleicht sieht es das dann ein, lässt sich nach Hause begleiten und hat etwas gelernt.

Oder das Schaf dreht von selbst wieder um, weil es merkt: *So ganz allein, so einsam da draußen zu sein, ist nicht gut*. Es bereut, dass es weggelaufen ist, und dann kommt es zurück, und wir werden uns alle darüber freuen.

Oder, auch das wäre möglich: Es bleibt allein und bockig, es will nicht zurück zur Herde. Es könnte dann sogar sein, dass es von den Wölfen gefunden und getötet wird."

*Vater Gott*: „Das sagst du so, als wenn das ein Schicksal wäre, das wir annehmen müssen. Aber ich finde es zum Verzweifeln, ich möchte nicht, dass eines unserer Schafe umkommt."

*Mutter Ruah*: „Ich natürlich auch nicht, doch es wird geschehen. Aber dann haben wir den Regenbogen. Er ist unser Segen und unsere Gnade. Wir haben ihn zusammen gemacht, die Idee kam von mir, weißt du noch? Du hast mir von deinem Licht abgegeben, und ich habe von meinem Wasser des Lebens einen Teil dazugetan, und so ist er entstanden, der Regenbogen. Er ist rund, er behütet wie ein Dach, er bedeutet Segen, er ist für alle da, er ist das Symbol für Liebe und Heilung. Und auch für Vielfältigkeit, das sieht man an seinen Farben, den sichtbaren und den unsichtbaren. So wie es Dinge gibt, die Menschen sehen können, und Dinge, die ihnen verborgen sind, auch wenn sie existieren. Er ist unser gemeinsames Zeichen.

Und wenn eins der Schafe von den Wölfen zerrissen wird, gehen wir auch und suchen es. Es wird unter dem Regenbogen liegen, und wir nehmen es mit uns nach Hause. Es wird nicht mehr bei der Herde sein, aber es wird bei uns sein, unter unserem Regenbogen. Und so werden wir es in unserem gemeinsamen Herzen behalten können. Übrigens, mein Lieber, auch die Wölfe haben unseren Segen, auch sie leben unter dem Regenbogen, selbst wenn sie es nicht wahrhaben wollen. Wir werden sie nicht im Stich lassen."

## 15 *Eine Mutter und ein Wunsch*

Das Gewitter ist vorbei, ein wunderschöner Regenbogen steht am Himmel.

Ich liebe den Regenbogen, er ist für mich wie ein Schutz, er ist eine Verbindung von Himmel und Erde und ein Versprechen, dass die Liebe und der Frieden immer bei uns sind, auch wenn man sie nicht immer sieht.

Natürlich weiß ich, wie ein Regenbogen entsteht, aus Wassertropfen und Licht, die Lichtwellen werden gebrochen – wie in einem Prisma – und teilen sich in viele Farben auf, auch in weitere Wellen, die für unsere Augen nicht sichtbar sind.

Trotzdem, für mich ist er ein tröstendes Zeichen.

Letzten Sonntag war ich in der Kirche, und wie immer ist es mir nicht gut gegangen mit diesem hölzernen Kreuz da vorne, an dem ein Mann angenagelt ist, ein lebendiger Mann, gequält ohne Erbarmen bis zum Tod.

Ein Anblick der Grausamkeit und der Gewalt.

Und wie immer verstand ich nicht, warum überall in den Kirchen, auf den Gräbern, selbst an Halsketten, die eigentlich Schmuck sind, in Schulen und Wohnungen und auf Bergspitzen sich dieses Kreuz befindet.

Und auch wie immer habe ich mir gewünscht, das Kreuz durch ein Symbol der Hoffnung und der Heilung ersetzen zu können. Zum Beispiel durch einen Regenbogen.

Ich habe nicht zugehört, als der Pfarrer seine Predigt gehalten hat, ich habe überlegt, wie eine Welt ohne Kreuz aussehen würde, mit einem anderen Zeichen.

Aber irgendwie ist mir das auch nicht richtig vorgekommen. In unserer Welt gibt es nun mal Grausamkeit, Unterdrückung, Gewalt und Vernichtung.

Mit dem Verbannen des Kreuzes aus den Kirchen würde das ja alles nicht verschwinden. Es muss bleiben, als eine stete eindringliche Mahnung an alle Mächtigen, Rücksichtslosen und Gewalttätigen.

Dann ist mir ein neues Bild in den Sinn gekommen: Über dem Kreuz steht ein Regenbogen, er leuchtet in allen Farben, er überstrahlt das Kreuz, dieses Folterinstrument und den zu Tode gequälten Mann und hüllt ihn ein in seine sanften Farben.

Ich habe mir vorgestellt, überall wird in den Kirchen, auf den Gräbern, in Schulen, in den Wohnungen, an Halsketten oben über dem Kreuz ein Regenbogen angebracht, gemalt, geklebt, geschraubt. Das könnte doch nicht allzu schwierig sein.

Ich könnte dann in unserer Kirche sitzen, und es würde mir viel besser gehen. Ich würde auf einen wunderschönen farbigen Bogen schauen, ich würde den Segen spüren und den Trost, den er spendet.

Ich würde vielleicht sogar dem Pfarrer bei seiner Predigt zuhören und würde wiederkommen in die Kirche.

Und noch etwas ist mir eingefallen: Wasser wird schon in ganz frühen Kulturen als Symbol den Frauen zugeschrieben und Licht den Männern.

Ein Regenbogen ist aus Wasser und Licht, also tragen Frau und Mann, Mutter und Vater, zusammen den Himmel.

Das gefällt mir.

Ich schaue aus dem Fenster, der Regenbogen verblasst langsam, aber vielleicht, eines Tages, wird er wirklich überall in den Kirchen über dem Kreuz leuchten.

## *16 Der Junge Kain*

Von Anfang an war mir das klar: Abel ist ein Muttersöhnchen, ein kleiner Kronprinz, ein Sonnenschein. Als er auf die Welt kam, war ich fünf Jahre alt, Mama und Papa waren begeistert von ihm, so niedlich, so brav, ach, was haben sie für ein Getue um ihn gemacht.

Er verzieht den Mund, und Mama strahlt. Er lacht, er dreht sich zum ersten Mal um, und Papa ist stolz: *Er ist schon ein kräftiger kleiner Mann*. Er bekommt Locken, *ach wie süß*, er fängt an zu laufen, natürlich schon mit zehn Monaten, ich konnte es erst drei Monate später.

Er schläft nachts durch, ich war lange unruhig, wenn es dunkel wurde, das reiben sie mir immer noch unter die Nase.

Und jetzt: Er bekommt alles, was er will. Er legt den Kopf schief, lächelt die Mama an oder den Papa, er schmeichelt und schleimt rum – und zack, bekommt er seine Schafherde, die eigentlich ich mir immer gewünscht habe. Mir haben sie das in seinem Alter abgeschlagen, sie sagten: „Das muss man können mit den Schafen, außerdem bist du der Erstgeborene. Einer muss die Äcker pflügen und bestellen, das Heu machen, den Traktor reparieren, die Zäune ausbessern und das alles. Du wirst mal den Hof übernehmen."

Abel, der ist jeden Tag mit seiner Schafherde unterwegs, geht gemütlich mit ihnen spazieren, sitzt am Wiesenrain und freut sich des Lebens. Sie haben ihm zwei Hütehunde geschenkt, auch etwas, das ich immer wollte, einen eigenen Hund. Aber Papa hat gesagt: „Wozu? Du kannst ja mit denen von Abel spielen, wenn du überhaupt Zeit dazu hast."

Es gibt Tage, da hacke ich ein Feld und heule vor Müdigkeit und Erschöpfung, niemanden lasse ich das sehen. Und es gibt Stunden, da nehme ich die Ramme und haue Pfosten ein, dass sie zersplittern, so eine Wut habe ich. Ich peitsche die Ochsen, wenn sie nicht parieren, und ich fahre mit dem Traktor so nah an der verdammten Schafherde vorbei, dass sie voller Panik auseinanderspringen. Dann habe ich wenigstens auch mal was zu lachen.

Papa lobt Abel oft, wenn die jungen Lämmer kommen und alle gesund sind; wenn es viel Schafswolle gibt und wenn er es schafft, die Wölfe fern zu halten, oder wenn er guter Laune ist, und das ist er eigentlich immer. Mama streicht ihm dann übers Haar, dem Goldjungen.

Wenn ich sage: „Der Weizen steht gut und Kartoffeln gibt es dieses Jahr mehr als genug, ins Heu hat es nicht reingeregnet, und wir sind für den Winter versorgt", dann sagt Papa: „Danke

Gott dafür, mein Sohn, dass er uns alles so reichlich schenkt!"

Und dann ist der Tag gekommen, an dem ich Bäume fällen musste im Wald. Ich habe Abel gebeten, mir ausnahmsweise zu helfen. Mama hat gesagt, sie würde solange die Schafherde übernehmen. Und dann sind wir losgezogen.

Wir haben drei Bäume gefällt, zersägt und aufgeladen. Abel wurde müde und wollte aufhören. Ich wollte noch einen vierten Baum mitnehmen, da hat er gesagt: Er gehe jetzt nach Hause, er habe genug getan, Mama hätte ihm versprochen, ihm zur Belohnung Leber mit Äpfeln zu backen. Ich hasse Leber mit Äpfeln! Ich wollte ihn festhalten, aber er hat sich losgerissen, hat gelacht und ist weggerannt. Da bin ich hinter ihm her, ich hatte einen dicken Ast in der Hand. Ich habe ihn eingeholt und den Arm gehoben. Ich war so wütend wie noch nie.

Dann weiß ich nur noch, dass er am Boden lag, sich nicht mehr gerührt hat. Das Blut lief ihm übers Gesicht.

Ich habe alles stehen- und liegengelassen, bin in den Wald gerannt, immer weiter, immer weiter, meine Jacke und Hose waren bald zerfetzt von den Dornen, das Gesicht zerschrammt, die Hände blutig.

Ich bin gerannt, bis es dunkel wurde, dann bin ich gefallen und einfach liegengeblieben. Als ich wieder aufwachte, war mir kalt, die Sonne ging gerade auf, und ich dachte, alles wäre ein schlechter Traum, aber das war es nicht.

Die nächsten Tage habe ich mich im Wald versteckt, habe Beeren gegessen und Wasser aus dem Bach getrunken. Dann bin ich irgendwann einmal an seinen Rand gekommen, da waren Häuser und Hütten. Ich hatte furchtbaren Hunger und war schrecklich allein.

Ich habe Arbeit gefunden – schwere Arbeit –, doch die Leute waren nett, sie haben nicht gefragt: „Wer bist du? Und woher kommst du?" Nur die Frau hat sich nach meiner Mutter erkundigt und gesagt: „Bestimmt weint deine Mutter um dich, egal, was vorgefallen ist." Sie hat mir oft ein Stück Brot extra gegeben.

Ich hatte Heimweh, trotz allem. Nachts kamen immer dieselben Gedanken: *Du hast deinen Bruder erschlagen, du darfst nie mehr nach Hause zurück. Sie wollen dich nicht mehr.*

Ich hatte oft Hunger. Ich hätte auch Leber mit Äpfeln gegessen, wenn ich welche bekommen hätte, aber die Leute hatten selbst nicht viel. Meine Kleider wurden schmutzig und zerrissen. Mein Chef hat mir eine alte Jacke von sich abgegeben und eine Hose und auch mal ein Paar Schuhe.

So sind zwei Jahre vergangen.

Eines Tages war ich auf dem Weg ins nächste Dorf. Ich hatte mir ein wenig Geld gespart, um ein paar Unterkleider zu kaufen, da wurde ich überfallen. Zwei oder drei Männer waren es. Sie haben mich niedergeschlagen, mir mein Geld weggenommen, auch die Decke, die ich über die Schultern gelegt hatte – und sind johlend davongerannt.

Ich lag da am Weg und konnte nicht aufstehen, ich habe gefroren und auf Hilfe gewartet. Zwei vornehme Männer sind vorbeigekommen, aber sie haben das Gesicht abgewandt und sind weitergelaufen, sie hatten keine Zeit und keine Lust, sich um mich zu kümmern.

Nach einer Weile kam noch ein Mann auf einem mageren alten Pferd. Er hielt an, stieg ab und hat mich gefragt, wie er mir helfen könnte. Er hat mich aufgesetzt, mir Wasser zu trinken gegeben. Dann, als er sah, dass ich vor Kälte zitterte, hat er seinen Mantel ausgezogen und um mich gelegt. Er selbst trug nur ein geflicktes Hemd darunter und einen Schal.

Er hat mich aufs Pferd gehoben und ist zu Fuß nebenher gegangen bis zu seinem Haus. Dort hat er mir geholfen, abzusteigen und reinzugehen.

Seine Frau ist sofort mit einer dicken Decke gekommen, hat mich auf die Bank gelegt und zugedeckt, dann hat sie Wasser heiß gemacht und meine Wunden ausgewaschen, vor allem meine kaputten Füße, und sie mit Salbe eingerieben.

Ihr Mann, der inzwischen das Pferd versorgt hatte, bekam ein heißes Fußbad mit Senf und einen heißen Wein, und ich musste ihren Kräutertee trinken. Der war sehr gut und süß, ich wusste schon lange nicht mehr, wie gut so ein Kräutertee sein kann. Mama hat den auch immer gemacht.

Ich bin ein paar Wochen bei den beiden geblieben, bei dem alten Mann, der wie ein Vater zu mir war, und bei seiner Frau, die er Mutter nannte, ihre Kinder waren schon lange fort. Ich dachte immer mehr an meine Eltern.

Eines Tages dann habe ich mich bedankt und verabschiedet, ich wollte nach Hause. Ich wollte alles tun, was sie von mir verlangten, ohne Murren, ich wollte endlich meine Schuld eingestehen, ich wollte mit einer Ecke in der Scheune im Heu für mich zufrieden sein. Aber ich wollte nur nach Hause, zu Mutter und Vater.

Es war ein langer Weg.

Auf dem Hügel hinter dem Wald mit den hohen Buchen konnte ich schon unseren Hof sehen. Mama war am Brunnen, Papa hat Holz gehackt. Ich bin stehengeblieben, es war noch ziemlich weit weg, doch er hat den Kopf gehoben und mich entdeckt.

Er hat das Beil fallengelassen, ist losgerannt, auf mich zu, hat mit den Armen gewunken, sein Gesicht war so froh, wie ich es noch nie gesehen hatte. Völlig außer Atem kam er bei mir an, hat mich in den Arm genommen, die Tränen sind ihm über die Wangen gelaufen, und dann hat er mich an der Hand gepackt, ganz fest, und ist mit mir zum Hof runtergegangen.

Mama wollte mich gar nicht mehr loslassen, obwohl ich so schmutzig und abgerissen war, und sie hat immer nur gestammelt: „Kain, du bist wieder da, unser Sohn ist wieder da!“

Dann haben sie mir erzählt, dass Abel verwundet war, aber nicht tot. Er habe lange liegen und gepflegt werden müssen. Aber dann ging es ihm immer besser, und er konnte wieder bei der Arbeit helfen. Inzwischen war auch noch eine kleine Schwester geboren worden. Sie haben ein großes Fest vorbereitet für mich, ich konnte es kaum fassen.

Abel war erst einmal ziemlich sauer, er hat gesagt: „Für mich habt ihr noch nie ein Fest gegeben." Aber Mama hat ihn in den Arm genommen und ihm erklärt, dass er genauso geliebt sei wie ich. Dann hat Abel mich irgendwann mal in die Seite geboxt, mich angesehen, gegrinst und gesagt: „Wenn ich nicht gestolpert wäre, hättest du mich nie erwischt mit deinem Ast, ich bin immer noch schneller als du."

Das war seine Art, mir zu vergeben. Und dann gab es von Mama Leber mit Äpfeln. Ich habe noch nie so gute Leber mit Äpfeln gegessen wie an diesem Tag.

## *17 Vater Gott und seine Idee mit Noah*

*Mutter Ruah*. Ach, ich sehe es ihm an, er überlegt schon wieder, was wir mit unseren Menschen tun könnten, mein Guter. Er ist unzufrieden mit ihnen, und immer wieder sucht er nach einem Gedanken, nach einer Idee, was wir unternehmen könnten.

Zuerst waren es die zehn Verbote, die er ihnen verordnen wollte, dann der Zaun um seine geliebte Herde. Was kommt nun? Er geht unruhig hin und her, hin und her. Was hat er vor?

Und nun spricht er endlich.

„Das gefällt mir nicht, das gefällt mir ganz und gar nicht! Sie werden immer unverschämter und gehässiger, diese Menschen. Sie halten sich nicht an die Regeln von uns, sie stehlen und lügen, sie jubeln Politikern zu, die ihre Gegner verhaften lassen oder umbringen. Sie haben Geld, mit dem sie alles und alle kaufen können. Sie zertrümmern Städte und Landschaften, sie töten Mütter und Kinder und Väter aus Hass, aus Machtgier, aus Zorn, oder wenn sich jemand nicht so verhält wie sie befehlen. Sie schmücken sich mit schönen Frauen und machen sie mundtot."

Er seufzt, und ich höre ihm zu und weiß, wie sehr ihn das alles bedrückt. Für mich ist es ja auch nicht tragbar.

„Leider sind es vor allem die Männer", fährt er grimmig fort, „die oft ohne Vernunft, ohne Gefühl, ohne Rücksicht drauflos schlagen. Sie wollen nichts wissen von Dankbarkeit, Demut, Weisheit, Liebe. Warum nur, warum? Sie haben doch diese Fähigkeiten genauso wie die Frauen, oder nicht? Haben wir da etwas falsch gemacht? Aber das scheint für sie Weiberkram zu sein, nicht wichtig, so wie die Frauen und Mütter selbst nur zweite Wahl sind. So wollten wir die Menschen eigentlich nicht haben, wir wollten Frauen und Männer mit Respekt voreinander und Wertschätzung füreinander, und zwar alle, genau wie bei uns beiden, Ruah. Sogar dich fegen sie unter den Teppich! Und du weißt, wie sehr mich das bedrückt und zornig macht. Meine geliebte Frau wird von ihnen einfach verleugnet."

Ich streiche ihm übers Haar, er denkt vielleicht wirklich, er habe etwas nicht richtig gemacht.

Ich sage: „Nicht alle sind so, das weißt du, aber diejenigen, die sich Macht, Geld und Besitz aneignen durch Drohung und Gewalt, die sind laut und präsent und immer vorn, die haben schnell ihre Anhänger, die vom Reichtum und der Überlegenheit profitieren wollen. Und sie behaupten dann ja auch immer, du hättest es so gewollt, du seiest Gott, und eine Frau neben dir sei Ketzerei. Doch es sind nicht alle so."

„Aber sie können die Welt kaputtmachen, zerstören, sie fangen schon damit an. Und es wird sie immer geben, außer es geschieht ein Wunder, und sie begreifen, dass liebevoller und sorgsamer Umgang mit Menschen, Tieren und Pflanzen ihnen das Paradies auf Erden viel näherbringen könnte als dieses: *Ich bin der Größte und niemand ist größer und stärker als ich*. Einige halten sich ja schon beinahe für Gott selbst, einen Gott, der keine Frau braucht, nur zu seiner Dekoration."

Ich nicke, er hat ja Recht.

Ich antworte: „Und was sollen wir tun? Wir können ihnen ihren Willen wegnehmen, ihre Eigenständigkeit, ihre Entscheidungsfreiheit, aber dann sind sie nur noch Lemminge, die hintereinander herlaufen, ohne Sinn und Verstand, und das wollen wir ja auch nicht."

Er entgegnet: „Aber wir könnten sie vernichten, alle, die ungehorsam sind. Ich lasse es regnen, bis alle ertrinken, und ich werde nur die Menschen, die so sind, wie wir sie einmal gemacht und gewollt haben, verschonen. Ich werde zu diesen sagen, dass sie ein großes Schiff bauen sollen für alles, was zu retten ist: Pflanzen, Tiere, Frauen, Kinder und die Männer, die nicht mitmachen bei Krieg und Gewalt und Hass."

Aber das ist nun wieder eine Idee, die mir nicht so gut gefällt. Ich wende ein: „Ja, das könnten wir tun, aber würde es wirklich etwas ändern?

Eine Weile vielleicht, es war ja schon mal so, da hatten die Frauen genauso viel zu sagen und zu entscheiden wie die Männer, da gehörte ihnen die Hälfte der Erde und die Hälfte des Himmels. Heute gehört ihnen nur noch ein Bruchteil davon, sowohl von der Erde als auch vom Himmel. Und damals waren Frauen und Männer auf Augenhöhe, zwei verschiedene Menschen, aber beide von uns erschaffen und geliebt. Aber nun, weil uns vieles aus dem Ruder läuft, einen Rundumschlag zu machen, das ist für mich keine Lösung."

Er grummelt: „Ich weiß immer noch nicht, was ich tun soll."

Und dann habe ich einen Vorschlag: „Gut, wir schicken ihnen einen Traum, den Traum von der Arche Noah, den Traum vom Regen, wochenlang, bis alles ertrinkt, was nicht in der Arche ist, als Warnung.

Damit können wir sie aufrütteln. Sie können sich besinnen und wieder auf unsere Regeln achten – auf die drei Weisungen von uns. Denn nur, wenn sie sich gegenseitig mit Liebe und Achtung behandeln, können sie glücklich sein. Und dann, wenn das Wasser abgelaufen ist im Traum, landet die Arche auf einem Berg, alle steigen aus, eine Taube bringt einen blühenden Zweig zum Zeichen des Neuanfangs, und über allem breitet sich unser Regenbogen aus.

Wenn sie klug sind, werden sie über diesen Traum nachdenken und etwas daraus lernen."

Er schaut schon wieder ein wenig besänftigt aus. Ich bin froh darüber.

„Gut, so wollen wir es machen“, sagt er, „die Geschichte von der Arche Noah soll jede Mutter, jeder Vater, jedes Kind kennenlernen. Sonst müssen wir uns etwas anderes überlegen. Ich hätte eigentlich nicht für möglich gehalten, dass im Laufe der Zeit immer wieder so viele Verbesserungen notwendig werden würden an unseren Menschen.“

## *18 Ein Kind*

*Mutter Ruah*. Es ist eine ganze Zeit lang Ruhe gewesen, das hat uns gutgetan. Aber irgendwie hält es nicht an. Und Vater Gott hat in den letzten Wochen nicht viel geredet, er war in sich gekehrt und schweigsam. Ich kenne ihn, er denkt über etwas nach, wie schon so oft.

Natürlich über unsere Menschen. Er möchte, dass sie sich besser vertragen, dass sich gegenseitig respektieren. Er möchte einen Teil vom Paradies an sie abgeben, jetzt, auf ihre Erde, die wir ihnen überlassen haben. Er liebt sie, so wie ich auch. Und er möchte, dass sie glücklich sind.

Nun ist ihm etwas ganz Besonderes eingefallen. Er hat sich neben mich gesetzt und mir vorgeschlagen: „Ruah, wir könnten einen Menschen, einen einzelnen Menschen, auswählen, den wir von klein auf betreuen, und der dann später irgendwann einmal mit allen Menschen direkt reden kann – über alles, was sie einfach nicht begreifen wollen. Von Mensch zu Mensch sozusagen, vielleicht hören sie dann besser zu."

„Ein schöner Gedanke", stimme ich zu, „aber das wird nicht so einfach sein. Ich bin gespannt, wie du dir das vorstellst."

„Also, meine liebe Ruah, ich habe mir Folgendes überlegt: Ich denke da an ein Kind, an einen kleinen Jungen, ganz normal von einer Frau geboren, gestillt, gewickelt ..."

Ich setze hinzu: „... geküsst, gestreichelt, geliebt ..."

Er lacht. „Ja, natürlich, und ganz normal von seinem Vater umhergetragen, an der Hand geführt, gelehrt, gelobt ..."

Ich kann es mir nicht verkneifen, noch einmal zu sagen: „... und geküsst, gestreichelt, geliebt ..."

„Ruah, das können auch Väter, unterbrich mich bitte nicht dauernd."

Ich wende ein: „Warum ein Junge, warum nicht ein Mädchen?" Er erklärt: „Ganz einfach, Ruah, es sind schwere Zeiten für Frauen, schon lange, und sie werden es noch viele, viele Jahre sein. Die Männer sind am Zug, Frauen dürfen nicht mitbestimmen und müssen den Mund halten."

„Ja, er hat ja recht", denke ich und seufze.

Er spricht weiter. „Stell dir vor, eine Frau geht allein los, stellt sich auf den Marktplatz und fängt an zu reden, stellt unbequeme Forderungen, untergräbt die Autorität der Oberen und rüttelt die Armen und Schwachen auf, sich zu wehren. Oder sie wandert zusammen mit anderen Frauen von Ort zu Ort, sie verkündet, dass fast alles, was die schlauen Schriftgelehrten und hohen Pharisäer den Leuten vorschreiben, so nicht von uns gewollt ist. So eine Frau hätte keine Chance, gehört zu werden, sie würde nicht weit kommen, sie würden sie mundtot machen, einsperren, oder noch Schlimmeres mit ihr tun. Du weißt es, Ruah, es tut mir leid, aber es ist so."

„Ja, ich weiß, und ich habe es schon lange in unserem Herzen gespürt, dass es dich genauso bedrückt wie mich."

Er nickt. „So ist es, deshalb also ein Sohn, und ich weiß auch schon, wie und wo er auf die Welt kommen soll und wer seine Eltern sein sollen."

Ich bin ein wenig erstaunt. „Aha, und in welchem Land soll er geboren werden, und zu welchem Volk soll er gehören?"

Er antwortet: „Das ist unwichtig. Ich habe eine Mutter und einen Vater für unser Kind ausgesucht. Ich habe nur zwei Menschen ausgesucht, die für unseren Sohn die Eltern sein können, gute Eltern, sie heißen Maria und Josef. Er soll ein glückliches Kind werden und ein glücklicher Mann, kein Mann, der mich als Boss im Himmel betrachtet, mit dem er Karriere machen kann, sondern für den wir beide, du und ich Ruah, Vater und Mutter sind. Ich hoffe, dass wir zwei, Ruah, es miteinander richtig machen, ich brauche dich dazu wie immer, bist du einverstanden?"

Natürlich bin ich das, und ich erwidere voller Begeisterung: „Ja, das bin ich, wir werden einen Menschensohn haben, das ist ein wunderschöner Gedanke, und ich freue mich auf ihn."

Ich habe mich verliebt. Er heißt Josef, er ist Zimmermann. Er sieht gut aus, ist charmant und fleißig. Er hat im Haus meiner Eltern das Dach erneuert, und dann wollte er weiterziehen, so machen die Zimmerleute das – mal da, mal dort arbeiten, immer unterwegs.

Ich war furchtbar traurig, als er seine Sachen packte, und er auch, denn ich habe gemerkt, dass er mich ebenso gern mag wie ich ihn. Und dann hat er mir auf einmal vorgeschlagen, ich solle mitkommen.

Ich hätte tanzen können vor Freude, aber ich war auch ein wenig in Sorge. Ich bin noch nie aus unserem Dorf herausgekommen. Doch er hat gesagt: „Ich pass schon auf dich auf!" Dabei habe ich im Stillen gedacht: „Und ich pass auch auf dich auf!" Denn mir war klar, dass er schon mit vielen hübschen Mädchen geflirtet hat auf seinen Wanderungen.

Wir haben uns dann richtig und offiziell verlobt, so wollten es natürlich meine Eltern, als wir sie schließlich dazu gebracht haben, ihre Zustimmung zu geben. Und dann sind wir losgezogen.

Ach, war das aufregend. Was ich alles gesehen und erlebt habe! Und Josef hat gehalten, was er versprochen hat, er hat für mich gesorgt, wir hatten immer genug zu essen, zum Anziehen, eine Schlafstelle, er hat immer Arbeit bekommen, die Leute waren nett zu uns, und die hübschen Mädchen haben sich zurückgehalten.

Nun, nach einem halben Jahr habe ich einmal das Thema Heiraten angesprochen, in einem Häuschen wohnen, einen Acker haben und dann auch später Kinder, man kann nicht immer in der Welt umherziehen.

Josef hat erst einmal gezögert, als ich es ihm sagte. Es hat ihm gefallen, so wie bisher, er wollte noch ein wenig mehr von anderen Orten und Menschen sehen, er hat gemeint, wir hätten noch Zeit.

„In Ordnung“, dachte ich, „er wird sich schon an den Gedanken gewöhnen. Vielleicht kommen wir einmal in eine Gegend, die ihm gefällt, wo er auch genügend Arbeit hat, wo es Felder gibt, Wasser, Wälder, Holz. Ich war ganz zuversichtlich.“

Aber es kam dann anders. Im Sommer fühlte ich mich nicht richtig wohl, es war heiß, ich konnte nicht dauernd weiterwandern. Ich wurde missmutig.

Er hat mich getröstet und mir versprochen, für zwei oder drei Wochen an einem Ort zu bleiben, bis es mir wieder besser ginge. Und so sind wir in einem größeren Dorf gelandet und bei einer netten Frau untergekommen, wo wir ein Zimmer bekommen haben. Wir könnten so lange bleiben, wie wir wollten, hat sie gesagt.

Ich war glücklich, es hat mir alles so gut gefallen, ich habe mich wie daheim gefühlt.

Am Abend, als wir schlafen gingen, habe ich mich an Josef gekuschelt und ihm gesagt, dass es mir schon besser geht hier, und in der Nacht hatte ich dann einen Traum: Ein Engel kam vom Himmel herab und hat zu mir gesagt, ich würde ein Kind bekommen, ein ganz besonderes Kind, ein Kind, das den Segen Gottes hat, unseres Vaters, und den Segen Ruahs, unserer Mutter.

Als ich am Morgen aufwachte, war ich sehr froh. Ich bin den ganzen Tag wie auf Wolken herumgelaufen, aber ich habe Josef noch nichts von meinem Traum gesagt. Ich musste erst mal selbst mit dieser neuen Situation klarkommen.

Die Frau, bei der wir wohnten, meinte, ob wir nicht für immer bei ihr bleiben könnten, sie wäre schon lange so allein. Ich habe in mich hineingelächelt und dachte, es wird schon so werden, alles hat einen Sinn. Sie hatte einen kleinen Webrahmen, konnte aber wegen ihres Rheumas in den Händen nicht mehr damit arbeiten. So habe ich ihn benutzen dürfen.

Das war ein wunderschönes Gefühl, am Webrahmen zu sitzen und zu wissen, dass ein Kind in mir am Wachsen ist. Nur eine Sorge hatte ich: Was wird Josef dazu sagen?

An einem Tag, als er abends müde, aber zufrieden nach Hause kam, habe ich es ihm erzählt. Er ist zunächst ganz still geworden, er hat tief Luft geholt. „Ein Kind“, hat er gesagt, „jetzt schon?“ Er ist aufgestanden und hin- und hergelaufen. „Wir sind ja noch nicht einmal verheiratet“, hat er gemeint.

Ja, das war mir klar, und es hat mich auch ein wenig beunruhigt. Nach einer Weile hat er sich wieder gesetzt, den Kopf in die Hände gestützt und schließlich gemeint, er müsse jetzt erst einmal darüber schlafen.

Am nächsten Morgen hat er schon wachgelegen, als ich die Augen aufschlug, er hat sich zu mir gedreht und gesagt: „Also werden wir nun heiraten, einmal muss es ja sein.“ Das war sein Heiratsantrag.

Wir sind dann tatsächlich in diesem kleinen Haus bei der alten Frau geblieben, die sich sehr darüber gefreut hat, sie hatte ja sonst niemanden.

Josef hat genug Arbeit gehabt, manchmal war er auch einige Tage unterwegs. Und ich war nicht allein, ich habe gewebt und so etwas mitverdient.

Irgendwann einmal hat er gesagt: „Eigentlich gar nicht so schlecht unser neues Leben.“ Und er hat dabei gelacht.

## *20 Josef*

Irgendjemandem muss ich es erzählen, jetzt, wo alles gut ist und wir in Sicherheit. Ich kann es nicht aufschreiben, ich kann nicht lesen und schreiben, also erzähle ich es jemandem. Aber wem? Maria kennt die Geschichte, sie war ja immer bei mir, und sonst interessiert es vielleicht niemanden.

Aber egal, ich fange einfach an, irgendjemand wird mir schon zuhören.

Also, es ist jetzt fast drei Jahre her, es war wenige Wochen bevor unser Kind kommen sollte, da ist der Büttel durch unser Dorf gelaufen, hat seine Schelle erklingen lassen. Die Leute sind zusammengeströmt und wollten hören, was es Neues gibt.

„Eine Volkszählung", hat er gesagt, „der Herrscher will wissen, wie viele Untertanen er hat." Alle sollen in den nächsten Wochen dahin reisen, wo sie geboren sind und sich dort melden, genauer gesagt: die Männer. Sie sollen ihre Frau und die Kinder mitnehmen, und wenn alle registriert sind mit Namen und Geburtstag und Herkunft, dürfen sie wieder nach Hause gehen.

„Wozu dieser Unsinn?" Ich war wütend und misstrauisch: „Wozu wollen die auf einmal wissen, wer wo wohnt, Alter, Frauen, Söhne, Töchter, Beruf, Vorfahren und so weiter und so weiter? Das geht sie doch überhaupt nichts an, es reicht vollkommen, wenn jeder von uns weiß, wohin er gehört. Außerdem, nur eine Zählung? Da steckt doch mehr dahinter. Und wie sollte Maria als Hochschwangere das schaffen? Mit ihr zusammen nach Bethlehem zu gehen – das wusste ich –, war kein gemütlicher Spaziergang.

Aber Befehl ist Befehl, wir mussten los. Ich habe also einen kräftigen Esel gemietet, Maria hat gepackt für uns und das Kind, wir brauchten nicht viel. Ich wollte mir unterwegs immer wieder Arbeit suchen, für Essen und Unterkunft. Ich bin Zimmermann, die Leute haben oft einen Balken zu erneuern oder ein Dach auszubessern und sind froh, wenn jemand nur ein Bett und ein Brot und etwas Milch dafür verlangt.

Wir sind langsam gereist. Maria hat sich oft auf den Esel gesetzt, weil ihr der Weg schwerfiel. Aber sie hat sich auch gefreut, wieder einmal andere Gegenden zu sehen und andere Leute. Mir ging es ähnlich. Als wir verlobt waren, sind wir viel zusammen gereist, jetzt haben wir es noch einmal genossen.

Als wir in Bethlehem ankamen, war die Stadt schon rappelvoll. Wir sind von einem Gasthaus zum anderen gegangen, nirgends war noch etwas frei. Maria hat sich Sorgen gemacht. Sie hat gemeint, das Kind könne wegen der Reiseanstrengungen früher kommen als erwartet.

Schließlich hat uns eine Frau, die in einem kleinen Hof gerade mit einem Eimer Milch aus der Scheune kam, genau diese

Scheune angeboten, als sie uns gesehen hat, müde und niedergeschlagen. Ihr Haus war auch belegt, ihre Söhne waren alle da, mit Familie. Aber im Stall, hat sie gemeint, sei Platz, Heu, Wärme – Milch könnten wir uns melken von der Kuh. Es war eigentlich ein alter Schafstall, aber die Schafe und die Hirten sind draußen gewesen.

Wir waren so froh darüber, wir haben den Esel mit reingenommen, zwei Decken übers Heu gelegt, haben etwas gegessen und getrunken. Maria hat sich gleich hingelegt und glücklich geseufzt: „Es ist schön hier – ruhig, friedlich, viel besser für das Kind." Ja, das fand ich auch. In einem der Wirtshäuser mit den vielen lärmenden Menschen, den kleinen stickigen Räumen und den harten schmutzigen Betten – wie hätten wir da in Ruhe unser Kind bekommen sollen?

Gegen Morgen, es wurde gerade hell, hat Maria mich geweckt. „Das Kind kommt", hat sie gesagt.

Du liebe Zeit, ich wusste gar nicht, was ich machen sollte. „Hol die Frau", hat sie gesagt. Ja, das wollte ich, das war eine gute Idee. Und dann ist alles ganz schnell gegangen. Die Frau ist sofort aufgestanden, hat Wasser warm gemacht, Tücher geholt und ist in den Stall gekommen und bei Maria geblieben. Zwei Stunden später war das Kind da, alles ist gutgegangen.

Ich wollte das nicht mit ansehen, ich war voller Angst und unsicher, und da habe ich das getan, was ich am besten kann: Ich habe aus dem herumliegenden Holz eine kleine Krippe gebaut. Meine Werkzeuge waren ja immer dabei. Ich habe Stroh hineingeschichtet und aus einem Sack Schafswolle noch ein Vlies daraufgelegt. Die Frauen waren hellauf begeistert, und so war ich auch zu etwas nütze.

Wir konnten im Stall bleiben, wir waren für uns – nur der Esel und die Kuh waren da. Und Maria hat immer gesungen: „Es ist ein' Ros entsprungen ..." Unser Sohn, eine Rose? *Naja*, dachte ich, *wenn sie das so sieht, mir soll es recht sein.*

Drei Tage später ging die Türe auf, und zwei Hirten kamen herein, jeder hatte ein Lämmchen auf dem Arm, die beiden

Mutterschafe sind blökend hinterhergelaufen.

Sie machten große Augen, als sie uns sahen. Wir waren ja in ihrem Schafstall. Dann haben sie die Lämmer und ihre Mütter in eine kleine abgeteilte Box getan. „Nur für zwei bis drei Nächte“, haben sie gesagt, „die Kleinen sind ein wenig schwächlich, aber sie werden schnell kräftiger werden, wenn sie hier Ruhe haben.“

Wir hatten nichts einzuwenden, im Gegenteil, ich liebe Tiere. Ich stamme von einem Bauernhof, und Maria möchte schon länger ein paar eigene Ziegen. Es war richtig gemütlich. Die Hirten haben sich zu uns gesetzt und unser Kind bewundert, unseren kleinen Jungen. Einer hat ihn auf den Arm genommen, so wie sein Lämmchen vorher, und hat sich gefreut. Als unser Sohn dann anfing zu schreien, hat ihn Maria aber schnell wieder zu sich geholt und gestillt.

Am nächsten Tag bin ich zur Meldestelle gegangen. Ich musste jetzt nicht nur Maria und mich anmelden, sondern auch noch den Jungen. Alles hat geklappt. Wir haben uns entschieden, noch eine weitere Woche in Bethlehem zu bleiben. Es war so schön dort im Stall, und dem Kind ging es gut. Es hatte schon ein wenig zugenommen, und Maria konnte sich von der Geburt erholen.

Ich habe in den nächsten Tagen noch die Stalltüre gerichtet, die klemmte, und ein paar morsche Bretter erneuert.

Aber dann kam auf einmal die Frau über den Hof gelaufen, sie war ganz aufgeregt. Sie erzählte, es gehe ein Gerücht um über den Herrscher. Dieser habe einen Traum gehabt, wonach ein Kind in Bethlehem auf die Welt gekommen sei, ein Junge, der später, in zwanzig Jahren, ein berühmter Mann sein würde, ein mutiger Kämpfer, der eine Armee um sich versammeln und ihn, den Herrscher, vom Thron stürzen würde.

„Und nun schickt er seine Soldaten aus, die holen alle neu geborenen Jungen von hier ab, und niemand weiß, was er mit ihnen vorhat, niemand traut sich, etwas dagegen zu tun.“

Ich kannte den Herrscher inzwischen, ich hatte schon oft

von seinen Alpträumen gehört, die ihm Ängste einjagten, und nach denen er immer seine Entscheidungen richtete. Angst frisst die Seele auf, er hatte schon lange keine Seele mehr. Ich ahnte sofort, was er plante: Er würde die Kinder in die Wüste bringen lassen. Er würde dafür sorgen, dass keines überleben konnte. Dieser Mann war wahnsinnig oder verrückt – oder beides, aber er hatte ergebene Soldaten, und die würden tun, was er befahl.

Nun war mir klar, was es mit der Meldepflicht und der Datensammlung auf sich hatte. Es ging gar nicht um eine Volkszählung, es ging um die Erfassung aller neu geborenen Kinder in Bethlehem.

Wenn ich das gewusst hätte, ich hätte unseren Sohn bei der Meldestelle niemals angegeben. Wir wären so schnell wie möglich in unser Dorf zurückgekehrt, um unser Kind dort zu verstecken. Keiner von denen hätte uns verraten.

Aber nun mussten wir handeln, um der Gefahr zu entgehen. Wir haben es besprochen, Maria und ich, wir wollten zu Bekannten außerhalb des Landes fliehen. Dort war ein sicherer Aufenthalt möglich, und wir würden erst wieder nach Hause zurückkommen, wenn die Gefahr für unser Kind vorbei wäre.

So haben wir es gemacht. Fast drei Jahre sind seitdem vergangen, nun ist wieder Ruhe in unserem Land.

Der Herrscher ist bei einem Aufstand ums Leben gekommen, und wir müssen uns keine Sorgen mehr um unseren Sohn machen.

Wir werden im nächsten Monat heimkehren, so dass unser Sohn in unserem Dorf, zu Hause, aufwachsen kann.

Und da ist noch etwas, was ich erzählen möchte: „Maria und ich bekommen wieder ein Kind, ein zweites, vielleicht diesmal ein Mädchen.“

Ich bin so glücklich, ich habe alles, was ich mir wünschen kann. Ich habe einen guten Mann und Vater für die Kinder, wir wohnen in einer kleinen, aber festen Hütte. Nebenan ist unser Acker, die Wiese, und im Dorf geht es friedlich zu.

Wir haben zu unserem ältesten Sohn, er ist jetzt sechs Jahre alt, noch zwei weitere Kinder bekommen, zwei Mädchen, es geht uns so gut! Ich bin gerne Mutter.

Unser Sohn ist nicht unbedingt ein pflegeleichtes Kind, vielleicht, weil er als Baby schon unsere Flucht ins Ausland mitmachen musste. Aber wir lieben ihn sehr. Also, er ist schon mal aufsässig und hat seinen eigenen Willen, er möchte alles wissen und selbst ausprobieren.

Ich kann ihm zeigen, wie man den Boden bearbeitet, wie man Samen in die Erde legt und gießt – und wie man den Sauerteig gehen lässt. Oder wie man ein neugeborenes Zicklein, das von der Mutter nicht angenommen wird, mit der Flasche aufzieht. Er weiß, wie mein Webrahmen funktioniert, und Josef hat ihm erklärt, wie man mit Hammer und Nägeln umgeht, wie man Balken ausmisst und warum der Brunnen nicht versiegt.

Aber ich kann ihm nicht sagen, warum der Mond manchmal rund ist und manchmal verschwindet und sich dauernd ändert. Wir können ihm keine Schriftzeichen deuten, wir können nicht lesen und schreiben, und ich weiß nicht, wie es in den großen prachtvollen Häusern auf dem Hügel der Stadt aussieht.

Dann wird er ungeduldig, er läuft durchs Dorf und fragt die Nachbarn, oder er grübelt lange nach und sucht nach Lösungen, er ist an allem interessiert.

Die zwei Mädchen sind ruhiger, jedes unserer Kinder hat eben einen eigenen Charakter. Ich bin dankbar für alle drei. Ich treffe oft mit den Frauen aus dem Dorf am Brunnen zusammen, abends, wenn es ruhiger wird und die Sonne am Sinken ist. Dann reden wir miteinander, wir erzählen uns von unseren Kindern und unseren Männern, wir lachen viel.

Vor einigen Tagen hat eine der Frauen etwas gesagt, das mich zum Nachdenken gebracht hat. Sie hat gemeint. „Kinder, die nicht immer brav sind, die auch mal Regeln umgehen, die sie nicht einsehen, solche Kinder lernen, für etwas einzustehen, was ihnen wichtig ist, dafür zu kämpfen, die Augen offen zu halten, und sie gehen auch manchmal vom gewohnten Weg ab, egal, was andere dazu sagen." Das hat mich berührt, das war ein Gedanke für mich, der in mein Herz gefallen ist wie lauer Regen. Und ich sehe nun manches bei unserem Sohn mit anderen Augen. Ich sehe Jesus und die anderen Kinder, mit denen er zusammenspielt, und ich denke an das, was die Freundin gesagt hat, und manchmal rauft er auch und lärmt, aber ich lasse ihn, er wird seinen Weg finden. Er wird das machen und durchsetzen, was für ihn das Richtige ist.

Und manchmal, wenn er mich sieht, wie ich die Wäsche aufhänge oder im Garten arbeite, kommt er angelaufen, kuschelt sich an mich und sagt: „Mama, ich habe dich lieb." Dann weiß ich, dass alles gut ist, dass auch ich auf dem richtigen Weg bin und unsere Kinder unter dem Segen von Vater Gott und Mutter Ruah aufwachsen werden.

### *22 Maria III*

Vor zwei Wochen hat uns unser Sohn einen riesigen Schrecken eingejagt. Ich habe mich furchtbar aufgeregt. Es war ganz schlimm, denn Jesus war weg, einfach fort, nirgends zu finden. Er ist jetzt zwölf Jahre alt, so etwas ist aber noch nie passiert.

Er ist ein lieber, ein aufgeweckter Junge – mit eigenen Vorstellungen. Und jetzt, da er älter wird, ist er schon manchmal sehr eigensinnig und schwierig. Aber einfach verschwunden ist er noch nie.

Also, ich bin in das kleine Zimmer gekommen, in dem unsere Kinder schlafen. Ich wollte ihnen wie immer, *Guten Morgen* sagen, und den Kleinen helfen beim Waschen und anziehen. Und da habe ich gesehen, dass das Bett von Jesus leer ist, es steht ganz hinten in der Ecke, aber es war leer.

Ich habe die Mädchen gefragt: „Wo ist er?“ Lena hat gesagt, er sei ganz früh aufgestanden, sehr leise, er habe sich angezogen und habe sich nach draußen geschlichen.

Sie hat ihn nicht gefragt, was er vorhat, er hat ihr nur zugenickt, den Finger auf den Mund gelegt und „psst“ gesagt.

Ich war ein wenig beruhigt, ich dachte, er sei sicher zu den Schafen raus, da kommen zur Zeit die jungen Lämmer, und die mag er. Er steckt oft bei den Hirten und diskutiert mit ihnen.

Oder er ist vielleicht auf dem Markt. Es gefällt ihm dort, das Gerede, das Handeln und Rufen, die Früchte und die Gewürze, die vielen verschiedenen Menschen. Vielleicht bringt er nur eine kleine Überraschung mit, zum Frühstück.

Oder er hört irgend so einem Wanderprediger zu, die dauernd vorbeikommen, die den Menschen dies und das erzählen und nebenbei Geld einsammeln.

Mit denen hat er sich schon öfters angelegt, er hält sie für ausgefuchste Schlaumeier, die den armen Leuten das Geld aus der Tasche ziehen, die meisten wenigstens.

Aber er kam nicht zum Frühstück. Wir waren fertig und räumten auf, und ich schaute dauernd aus dem Fenster.

Ich wurde nun doch ziemlich unruhig.

Josef hat gesagt: „Lass den Jungen! Wenn er Hunger bekommt, ist er wieder da, er soll sich ruhig ab und zu von deinem Rockzipfel lösen und allein losziehen.“ Und dann ist er gegangen, er hat viel zu tun als Zimmermann. Wir müssen nicht im Elend leben wie so viele andere. Unsere Kinder werden immer satt.

Aber ich konnte mich auf gar nichts konzentrieren: Ich musste immer an Jesus denken, dauernd bin ich nach draußen gelaufen und habe den Weg rauf und runter geschaut.

Irgendwann dann, kurz vor Mittag, ich stand gerade am Herd, ist er hereingestürmt mit roten Backen und glänzenden Augen. Ich habe ihn in den Arm genommen, ich war so froh, aber er hat sich freigemacht und gerufen: „Mama, ich muss dir was erzählen."

„Wo warst du?", habe ich gefragt, „ich bin fast umgekommen vor Sorge."

„Ich war in der Synagoge", hat er erwidert, und dann hat er erzählt, er konnte gar nicht mehr aufhören.

Er hat von einem riesigen prunkvollen Raum erzählt, von den Schriftgelehrten und Pharisäern, die auf kunstvoll geschnitzten Stühlen sitzen, von ihren überreich glänzenden Gewändern, von auserwählten Speisen, die ihnen Bedienstete bringen, und dann von den Schriftrollen, in denen sie den ganzen Tag lesen und über die sie diskutieren.

Dicke heilige Schriftrollen mit kostbaren Griffen aus Holz, die niemand außer ihnen berühren darf.

So begeistert habe ich meinen Jungen noch nie gesehen.

Ich freute mich über ihn, aber es hat auch irgendwo in meinem Herzen wehgetan. Es ist eine ganz andere Welt dort als die unsrige, und ich möchte nicht, dass er diese Welt für besser hält als unser Leben hier.

Diese Männer können lesen und schreiben, sie haben eine jahrelange Ausbildung, sie sind oft reich, und vielleicht auch mächtig, aber das wünsche ich mir für unseren Jungen nicht. Und das habe ich ihm auch gesagt.

Nach dem Essen hat er mir geholfen beim Aufräumen und Spülen. Wir haben noch einiges miteinander geredet, er hat mir versprochen, nicht wieder wegzulaufen, ohne mir Bescheid zu geben. Aber er möchte von nun an öfters mal in die Synagoge gehen, er will wissen, was in diesen Schriftrollen steht. Er möchte Lesen und Schreiben lernen. Aber das ist nicht selbstverständlich, wir sind einfache Menschen, eine Ausbildung in dieser Hinsicht und den Kauf von Schreibutensilien können wir uns eigentlich nicht leisten.

Ich habe ihm gesagt: „Man kann auch viel von den Menschen lernen, die um uns herum leben – vielleicht sogar besser", und er solle einfach die Augen offen halten.

Er hat geseufzt, aber dann hat er sich meinen Zopf um die Hand gewickelt, das macht er gern. Schon immer als kleines Kind hat er meinen Zopf genommen und sich mit ihm über die Stirn gestreichelt, nur ganz zart und behutsam. Er hat mein Gesicht zu sich herangezogen, seine Backe an meiner gerieben und gesagt: „Mama, du bist zwar nur eine Frau, aber du bist ganz schön klug."

Wir haben beide gelacht. Er ist einfach ein guter Junge, auch wenn er manchmal über die Stränge schlägt.

Wir haben ausgemacht, dass er weiter ab und zu in die Synagoge gehen kann, und dann wird er schon sehen, ob es für ihn ein guter Ort ist oder nicht. Eigentlich hoffe ich, dass er sich damit zufriedengibt. Ob besser oder schlechter, weiß ich nicht, ich weiß nur, dass ich mit dem, was ich hier habe und wie ich lebe, zufrieden bin und jeden Tag dankbar.

## *23 Eine wichtige Frage*

„Mama, unser Religionslehrer erzählt uns in der Schule immer von Gott. Was er macht und denkt und von uns will, und was er uns alles schenkt. Wir dürfen Vater zu ihm sagen und zu ihm beten. Aber wir haben noch nie etwas von seiner Frau gehört, was ist mit ihr?"

„Er hat keine, er ist allein, es gibt nur ihn im Himmel. Ich weiß nicht, warum, aber so steht es in der Bibel. Und die Kirchenmänner sagen es auch alle."

„Er hat keine Frau? Aber Männer brauchen doch Frauen, Mama. Er kann doch nicht ohne sie allein alles machen. Außerdem heißt es immer, wir sind seine Kinder, und Kinder brauchen Eltern."

„Na ja, man bekommt dann die Antwort, er hat auch als Mann alle Gaben, die eine Frau hat, er kann eben alles und ist alles, Mann und Frau in einer Person, da braucht er keine Extra-Frau neben sich."

„Aber Mama, er hat doch so viel zu tun mit den Menschen

und Tieren und Pflanzen und der ganzen Erde – und mit der Sonne und dem Mond und den Sternen, er muss doch für alle sorgen und auf alles aufpassen, das geht doch gar nicht. Papa sagt auch oft zu dir: ‚Mach du das, du kannst das besser.' Und du sagst zu Papa: ‚Mach du das, du kannst das besser.'

Außerdem, wenn Gott Mann und Frau gleichzeitig ist, könnte ich ja auch Mutter zu ihm sagen, nicht? So wie ich ja Vater sagen darf. Aber das habe ich noch nie gehört, das würde mir der Lehrer bestimmt verbieten und mir eine schlechte Note in Religion geben."

„Ach, das ist alles ziemlich schwierig, meine Tochter, man muss es ebenso nehmen wie es ist, auch wenn man damit nicht klarkommt."

„Wenn er wirklich keine Frau hat, tut er mir leid, er ist ja dann ganz allein und hat niemand zum Reden und zum lieb haben, er kann zu niemand sagen: ‚Mach du das, du kannst das besser.' Ich verstehe das nicht, das kann einfach nicht sein!"

„Weißt du, eigentlich habe ich auch schon öfters darüber nachgedacht, aber mit wem kann man darüber reden? Und ich denke dann heimlich, wie es vielleicht wirklich ist: Die Geschichten in der Bibel sind alle von Männern geschrieben, damals konnten nur wenige gebildete reiche Männer schreiben, und Frauen schon gar nicht. Und diese Männer haben alles so geschrieben, wie es ihnen gepasst hat. Sie haben Ereignisse oder Berichte weggelassen oder verdreht und Geschichten aus dem Zusammenhang gerissen und nach ihrem Gutdünken interpretiert. Sie wollten einen starken männlichen Gott, für den Frauen so unwichtig sind wie für sie, und der sie, die Männer, bevorzugt und liebt. Sie wollten das Sagen haben, und die Frauen sollten tun, was man ihnen vorschreibt und den Mund halten. Viele machen das heute noch. Manchmal denke ich, dass es ein gemeiner Trick ist, uns unsere Gaben und Stärken als Frauen wegzunehmen und auf Gott zu übertragen, einen Gott, der ausschließlich immer als Mann dargestellt wird, und dann zu behaupten, er sei eben alles selbst, Frau und Mann, dann ist nämlich eine Frau und Partnerin für ihn nicht nötig."

„Du bist ganz schön wütend, Mama."

„Ja, aber nur auf diese vielen Sturköpfe in der ganzen Welt. Aber weißt du, inzwischen glaube ich nicht mehr, dass Vater Gott da mitmacht und wirklich alle weiblichen Vorzüge für sich selbst beansprucht und Frauen und Mütter links liegen lässt. Für ihn sind richtige lebendige Frauen genauso wichtig wie Männer, und er liebt sie genauso wie die Männer! Das hat nämlich Jesus, sein Sohn, immer wieder betont, und das steht auch in der Bibel. Jesus hat ganz reale wirkliche lebendige Frauen geschätzt und respektiert und nicht nur weibliche Werte wie Fürsorge, Teilen können, Liebhaben, Trösten, Weisheit bei Frauen oder Männern. Aber die Kirchenväter haben schon vor zweitausend Jahren Jesus nicht zugehört und behaupten heute immer noch, Vater Gott habe bessere weibliche Gaben als die Frauen selbst. Aber man darf ihn deshalb nicht Mutter nennen, und eine Frau darf er auch nicht haben.

Und weißt du was? Das Einzige, das wir Frauen für uns behalten dürfen, ist Schönheit, daran sind die Kirchenherren weder für sich noch für ihren Gott interessiert."

„Jetzt lachst du wieder Mama, zum Glück gibt es auch immer etwas zum Lachen, sogar wenn man auf dem Misthaufen von anderen sitzt. Aber nun weiß ich auch, warum du nicht mehr gern in eine Kirche gehst."

„Ich fühle mich da nicht wohl, denn ich denke, ganz bestimmt hat Gott eine Frau, die zu ihm gehört, so wie Papa und ich, und sie helfen sich gegenseitig und sind die Eltern für uns, Mutter und Vater. Nur, kaum jemand spricht darüber oder macht sich Gedanken und traut sich, die Pfarrer und viele Stellen in der Bibel zu korrigieren. Ich auch nicht. Und ich sage dann ganz leise, wenn ich doch mal in die Kirche muss beim Schlussgebet: *Liebe Eltern im Himmel, euer Name werde geheiligt, euer Reich komme, euer Wille geschehe ... und so*. Das ist für mich wichtig und richtig."

„Für Papa bist du auch wichtig, das sagt er oft! ‚Was würde

ich ohne dich machen‘, sagt er und nimmt dich in den Arm.“
„Ja, deshalb habe ich ihn ja auch geheiratet, er ist kein Sturkopf.“

„Darüber bin ich froh, Mama, ich mag Papa sehr gern. Glaubst du, dass Vater Gott das auch zu seiner Frau sagt und sie in den Arm nimmt?“

„Ja, das glaube ich. Aber das darfst du nur zu mir sagen, meine Tochter, denn damit würdest du in der Schule beim Lehrer oder beim Herrn Pfarrer einen scharfen Verweis bekommen. Aber wir zwei, wir sind uns einig, nicht wahr? Gott hat eine Frau, und sie ist genauso wichtig wie er, und beide zusammen sind unsere Eltern im Himmel.“

## *24 In der Synagoge*

*Jesus in Nazareth*. Ich bin ganz verwirrt. Eigentlich gehe ich deshalb so oft in die Synagoge, um Klarheit zu bekommen, aber nun ist alles viel schwieriger und unklarer als vorher.

Ich will wissen, was das Leben ist, wer uns erschaffen hat, wer die Idee hatte mit der Erde und den Pflanzen und den Tieren. Warum gibt es Gut und Böse, Arm und Reich, glückliche Menschen und unglückliche? Und das alles!

Mama und Papa wissen es auch nicht, und es ist die Frage, ob es überhaupt jemanden gibt, der es weiß.

Ich dachte, in der Synagoge, in den Heiligen Schriften, bei den gelehrten Männern bekomme ich die Antwort auf alle Fragen, aber ich weiß nicht mehr als vorher. Das heißt, ich weiß mehr, weil ich viel sehe und bemerke, aber es macht mich nicht klüger, nur unsicherer und verwirrter.

Also, da bin ich vor einiger Zeit auf den Stufen vor dem Gebetshaus gesessen, neben mir eine Mutter mit einem Kind, sie hat mich gefragt, ganz vorsichtig und ängstlich, ob ich ihr ein wenig zu essen aus meinem Beutel geben würde für ihr Kind, es habe immer Hunger.

Ich habe ihr den ganzen Beutel geschenkt, und sie war sehr froh darüber.

Dann bin ich in die Synagoge hineingegangen, die Pharisäer saßen gerade beim Essen. Ich habe sie freundlich gebeten, mir ein wenig von dem Obst abzugeben in der großen Schüssel auf dem Tisch, für diese Frau draußen. Sie haben mich kurz angeschaut, und einer hat gesagt: „Nein, das geht nicht, mein Junge, es ist heiliges Obst, nichts für eine Frau, die vielleicht nicht mal von unserem Volk ist."

Ich bin wieder rausgegangen, da war die Frau nicht mehr da.

Das musste ich erst einmal verdauen. Kann es sein, dass Gott, der an diesem besonderen Gebetsort wohnt, so lieblos und unbarmherzig ist, eine Frau und ihr Kind hungern zu lassen, während die Pharisäer im Essen schwelgen? Oder haben die Männer da etwas falsch verstanden aus ihren Schriftrollen?

Einmal habe ich auch einen der Pharisäer gefragt, einen, der mir eigentlich immer ganz nett vorkam, warum es nur Pharisäer gibt, keine Pharisäerinnen.

Er hat gelacht und mir erklärt, Frauen seien nun einmal nicht dafür geeignet; man solle die Fähigkeiten von Frauen und Männern nicht vermischen, jeder solle das tun, was er am besten könne. Männer seien dazu da, Gesetze zu machen und die Menschen zu belehren und zurechtzuweisen. Gott habe sie, die Priester, erwählt, seine Stellvertreter auf der Erde zu sein.

Frauen seien natürlich auch wichtig, hat er gesagt, sie würden Mütter, zögen die Kinder auf, hielten das Haus in Ordnung und sorgten für die Familie.

Aber irgendwie hat mich diese Antwort nicht befriedigt.

Männer und Frauen sind verschieden, das weiß ich, aber eines weiß ich auch: Beide brauchen Liebe und Verständnis und Respekt und Achtung voreinander und gemeinsam gemachte Regeln, die für alle gelten. Im Verständnis der Pharisäer und Schriftgelehrten finde ich das nicht. Wo dann?

Ich habe Mama davon erzählt, sie hat mir aufmerksam zugehört, dann hat sie mir etwas gesagt, was ich verstanden habe: „Schau", hat sie gesagt, „schau dir die Pflanzen und die Tiere an, und Papa und mich, nur aus Frau und Mann kann neues Leben kommen, aus Mutter und Vater.

Dieses neue Leben muss geliebt und behütet und versorgt werden, damit es wachsen und gedeihen kann, geliebt von Müttern, geliebt von Vätern, nur das ist wichtig, so wie unsere Eltern im Himmel uns lieben und behüten.

Der Gott in der Synagoge oder im Himmel, an den die Pharisäer glauben, ist auch unser Schöpfer, aber deshalb ist er nicht einfach ein einsamer allmächtiger Gott, sondern so etwas wie Eltern, Mutter und Vater, und wir sind ihre Kinder, alle! So denke ich mir das, aber ich weiß es natürlich auch nicht sicher, es ist nur ein besseres Gefühl für mich.

Doch eines weiß ich genau und glaube es: Unsere Schöpfer-Eltern sind nicht grausam, sie schenken uns so viel, jeden Baum, jeden Grashalm, jede Fliege, jeden Elefanten, jede Blume. Sie haben uns allen die Fähigkeit zum Teilen geschenkt, zur Fürsorge füreinander, auch für ein fremdes hungerndes Kind und seine Mutter. Das vergessen die Pharisäer immer wieder, oder sie wollen nichts davon wissen.

Dabei ist es so einfach: Wenn man viel zu essen hat, kann man denen etwas abgeben, die hungern. Von einem Strauß Blumen, den man gepflückt hat, kann man eine Blume der Nachbarin schenken mit einem freundlichen Wort. Wenn jemand traurig ist, kann man Trost oder Anteilnahme schenken. Für das alles fühlen sich aber die gelehrten Pharisäer nicht zuständig. Sie sagen, das sei Weiberkram, sie selbst seien für Höheres bestimmt, das sei Sache der Männer. Manchmal wünsche ich mir, unsere Eltern im Himmel würden ihnen ab und zu einmal auf die Finger hauen und sagen: *So nicht!*"

Mama und ich haben darüber gelacht, und ich habe von dem, was sie gesagt hat, viel mehr verstanden als von den Pharisäern. Und ich habe wieder mal gedacht: *Sie ist einfach eine kluge Frau, auch wenn sie nicht lesen oder schreiben kann.*

## 25 *Zwei kleine Geschichten*

Eine farbige Frau möchte in eine New Yorker Gemeinde aufgenommen werden. Der Pfarrer ist reserviert: „Ich bin nicht sicher, ob Sie so recht zu uns passen. Ich schlage vor, Sie gehen erst mal nach Hause und beten darüber und warten ab, was der Allmächtige dazu sagen wird." Einige Tage später kommt die Frau wieder. „Herr Pfarrer", sagt sie, „ich habe Ihren Rat befolgt. Ich sprach mit dem Allmächtigen über diese Sache, und er sagte zu mir: *Bedenke, dass es sich um eine sehr exklusive Gemeinde handelt. Ich selbst versuche schon seit Jahren, hinein zu kommen, aber bis jetzt ist es mir noch nicht gelungen* (Aus: Typisch, Andere Zeiten-Verlag).

Ein kleines Mädchen fragt seine Mutter: „Mama, warum sind Jungen mehr wert als Mädchen und Männer haben mehr Geld als Frauen? Alle sind doch Menschen, ein wenig verschieden, aber Menschen. Warum ist es nicht so wie bei den Ostereiern?"

Die Mutter fragt erstaunt: „Was meinst du damit, was ist mit den Ostereiern?"

„Na", erklärt das Mädchen, „alle Ostereier sind Eier, ein wenig verschieden wegen ihrer Farben, aber Eier. Und nie sind grüne oder blaue Eier mehr wert als rote oder gelbe."

## 26 *Im Tempel*

*Jesus in Jerusalem*. Etwas ist geschehen, das mich furchtbar wütend gemacht hat.

Ich bin zum Tempel gegangen und war in seinen Vorhöfen unterwegs. Ich dachte: *Vielleicht findest du heute etwas, das dir den Weg weist.*

Aber als ich dort eintraf, war ich völlig entsetzt. Im Eingangsbereich und bis hinein in den Tempel befanden sich lauter zusammengezimmerte Tische, auf denen Opfergaben lagen. Zusätzlich wurden kultisch reine Tiere angeboten: Rinder,

Schafe und Tauben. Die Händler schrien durcheinander, jeder hatte das Beste zu bieten, und die Goldmünzen klimperten laut.

Einige Pilgerinnen drängten sich mit ihren Körben am Arm durch die Menge, aber ich bemerkte, dass sie sich nicht wohl fühlten.

Die Pharisäer und Tempelaufseher standen im Hintergrund und schauten dem ganzen Treiben zufrieden zu. Gewinnorientierte Geldwechsler waren überall unterwegs und tauschten die gebräuchlichen Umlaufmünzen. Denn es gab eine eigene Tempelwährung.

Ich spürte, wie eine Wut in mir hochkroch, so stark wie noch nie, ich wäre fast explodiert!

Ich habe nicht lange nachgedacht, ich bin losgerannt, ich habe die Händler angeschrien, ich habe ihre Tische umgeworfen, ich habe getobt und gewütet, ich hätte am liebsten alles kurz und klein geschlagen, aber dazu war ich nicht stark genug. Ich habe mir gewünscht, so kräftige Muskeln zu haben wie Papa, seinen schweren Hammer schwingen zu können, um alle raus zu treiben, alle, ohne Widerstand.

Aber es gab natürlich viel Widerstand. Sie haben mich gepackt, zu viert haben sie mich festgehalten, und dann nach den Soldaten gerufen. Die sind gekommen, haben mir die Hände auf den Rücken gebunden.

Und dann geschah etwas, was ich nicht erwarten konnte: Vor dem Tempel waren schon vorher viele Frauen unterwegs gewesen. Sie hatten das ganze Treiben mit skeptischen Blicken verfolgt.

Aber auf einmal fassten sie Mut und kamen mir zur Hilfe. Sie haben alles, was auf dem Boden lag, aufgenommen und nach draußen gebracht. Danach auch die Tische, alle Opfergaben, das Geld, alles, schweigsam, aber entschlossen. Sie haben nichts für sich behalten – auch die Opfertiere haben sie herausgeführt.

Die Händler sind wütend und schimpfend hinter ihnen hergelaufen, doch als sie gesehen haben, dass die Frauen nicht plünderten, sondern wieder aufbauten, waren sie auf einmal still und sprachlos.

Die Frauen aber sind noch mal hinein in den Tempel, haben einen Besen geholt und sauber gemacht.

Die Soldaten standen mit mir immer noch da. Sie wussten nicht recht, was sie tun sollten, nur die Priester, ja, die haben sich hinter ihre heiligen Vorhänge zurückgezogen, wohin sonst niemand darf.

Da nun keiner mehr da war, der Anklage erhob, haben die Soldaten mich wieder laufen gelassen. Aber nicht, ohne mich zu warnen: „Wenn du dich noch einmal auf dem Tempelberg sehen lässt und Verbotenes tust oder dich den kultischen Sitten widersetzt, wirst du die Härte des Gesetzes zu spüren bekommen." Sie haben mich dann sozusagen auf Bewährung laufen gelassen. Aber ich wusste, dass ich das Richtige getan hatte, und das hat mich ruhig und sicher gemacht.

Ein paar Tage später habe ich den Tempel ein weiteres Mal heimlich besucht. Alles war wieder friedlich, die Händler draußen, die Priester drinnen. Doch ich bin nicht hineingegangen. Mir war klar: *Das, was ich suche, ist an diesem Ort nicht zu finden.* Meinen Eltern habe ich nichts davon erzählt. Mama hat etwas geahnt, aber sie hat mich in Ruhe gelassen. „Ach Mama, du bist wirklich eine kluge Frau!"

## TEIL VIER (Neues Testament)

### *27 Ein Junge mit Namen Petrus I*

*Petrus*. Mein ganzes Leben steht auf dem Kopf. Ich weiß nicht mehr, was richtig oder falsch, gut oder schlecht ist. Ich weiß keinen geraden Weg mehr, nur noch unbekannte Wege.

Mein Vater ist Fischer, mein Großvater ist Fischer, sein Vater war es auch, alle Männer sind Fischer gewesen in unserer Familie, und die meisten Männer aus unserem Dorf sind es auch, denn wir wohnen am Meer.

Und seit zwei Jahren nehmen sie mich immer wieder mit raus auf die See.

Unser Boot ist alt, aber sorgsam gepflegt, es ist stabil und stark, es ist unser Leben. Das höre ich oft, wenn ich murre und bei schlechtem Wetter nicht mitfahren will. Ich habe Angst, wenn es stürmt und die Wellen so hoch sind, dass das Schiff sich aufbäumt und ächzt und stöhnt.

Die Männer müssen dann alle auf ihrem Posten sein und schwer arbeiten. Keiner hat Zeit für mich, sie schicken mich runter in die Kabine, und dort verkrieche ich mich und fürchte mich und hasse das Meer.

Aber ich habe keine Wahl, ich muss Fischer werden.

Es gibt so vieles, was ich wissen möchte, so viele Fragen. Das Erwachsenwerden ängstigt mich, aber ich möchte auch kein Kind mehr bleiben.

Vater meint, ich solle einfach meine Pflicht tun, alles, was ich wissen müsse, könne ich mir bei ihm abschauen, ich solle nicht so viel nachdenken. Und Mama, die ist schweigsam, entweder sie weiß nichts zu sagen, oder sie traut sich nicht.

Die jungen Mädchen im Dorf sieht man nie einzeln, immer sind es drei oder mehr, die zum Brunnen gehen, sie schnattern wie die Gänse und kichern und lachen. Manchmal beneide ich sie. Und meine Freunde? Nun, wir spielen zusammen mit dem

Ball, wenn wir Zeit haben. Oder wir sitzen vor der Schänke in der Sonne mit den Karten, wir prügeln uns manchmal auch, aber so richtig reden kann ich mit denen auch nicht.

Am schlimmsten ist es, wenn wir nachts fischen gehen. Ich bin dann am nächsten Morgen wie erschlagen, ich falle nass und dreckig und nach Fisch stinkend aufs Bett. Mama hilft mir beim Ausziehen und stellt einen Becher Wasser und Brot auf den Tisch. Wir schlafen fast den ganzen Tag, Vater und ich, und Mama und die Kinder müssen leise sein, sonst brüllt er sie an und nennt sie rücksichtslose Weiber und schickt sie fort aufs Feld. Immerhin, bisher wusste ich meinen Weg, mein Leben und all das, wenn es auch nicht sehr erfreulich war.

Und dann kam eines Tages dieser Mann, ein paar Frauen und Männer haben ihn begleitet, sie schienen von einem Ort zum anderen zu wandern. Sie sind am Brunnen gesessen, haben ihr Brot rausgeholt und sich Wasser mit dem Eimer hochgezogen.

Die Mütter mit ihren Kindern sind aus dem Dorf gekommen und eine Weile geblieben. Ich habe gehört, wie sie ihn gefragt haben, was er mache. Ich habe seine Antwort nicht recht verstanden, ich war zu weit weg, nur, dass er nicht von hier sei, schon lange unterwegs und viel gesehen und gehört und erlebt habe. Ich wurde auf einmal richtig aufgeregt, ich wollte mehr von ihm wissen, und ich habe mich getraut, zum Brunnen zu gehen, um besser zuhören zu können, um vielleicht auch eine Frage zu stellen.

Und es war wie ein Wunder: Er hat mich angeschaut und eingeladen. Sie wollten zusammen zum Strand gehen und dort im Schatten der Bäume ein wenig ruhen. Ich bin mitgegangen. Und da habe ich auf einmal angefangen, ihm zu erzählen, wie ich lebe. Ich habe ihn gefragt, was ich tun soll, und gesagt, dass ich nicht den Rest meines Lebens so unzufrieden sein möchte. Ich wüsste aber nicht, was ich anders machen sollte, ich hätte niemanden, der mir einen Weg zeigt, den ich mit Freude gehen könnte.

Und was hat er gesagt? „Komm doch ein paar Tage mit uns, vielleicht findest du dann eine Lösung, wenn du mehr andere Gegenden kennen lernst, andere Menschen triffst, eine andere Art zu leben siehst, andere Tiere und Pflanzen kennen lernst, andere Sprachen hörst, andere Speisen isst und andere Bräuche beobachten kannst.

Deine Eltern sind gute Menschen, sie haben für dich gesorgt und dich groß gezogen, aber nun bist du selbst groß, und du darfst ohne schlechtes Gewissen danke sagen und eine Zeit lang gehen, wohin du willst. Liebe sie, und lass sie los, das ist ein Satz, den ich einmal von meiner Mutter gehört habe, als auch ich wegwollte. Es hieß ein wenig anders, sie hat gesagt: *Ich liebe dich und lass dich los*. Man kann es auch anders herum anwenden!"

Ich bin dann nach Hause gegangen, ich hatte viel nachzudenken. Der Mann und seine Begleiter sind noch ein paar Tage im Dorf geblieben. Und dann habe ich meinen Eltern gesagt, dass ich mit ihm gehen werde. Vater hat getobt, Mama hat geweint, aber ich konnte nicht anders.

Als ich zu dem Mann kam, hat er gemeint: „Geh noch einmal zurück, sag deinen Eltern, dass du ihnen für alles dankbar bist, sag ihnen, dass du von unterwegs immer mal wieder eine Nachricht schicken wirst, wo du bist und wie es dir geht. Und sag ihnen, dass du sie in deinem Herzen mit dir trägst. So bleibt ihr in Kontakt."

Und so habe ich es gemacht und bin dann mit ihm gezogen.

## *28 Petrus II*

*Petrus*. Er ist überhaupt nicht so, wie ich es mir vorgestellt habe, er ist kein weiser Mann, der gute Worte und Werke verteilt und sich dafür anhimmeln lässt. Er ist oft müde, und er kann ungeduldig und ruppig sein, wenn ihm etwas nicht passt.

Manchmal freut er sich über viele Zuhörer, und manchmal gehen sie ihm auf die Nerven. Dann verlässt er den Ort, geht irgendwohin, wo er allein ist, oft sogar tagelang, oder er legt sich hin und schläft, egal wo und wie.

Einmal ist eine Frau, eine Mutter, gekommen. Sie hat ihn gebeten, ihr zu helfen. Ihre Tochter sei krank, und sie wisse nicht, was sie tun solle.

Er hat zu seinen Begleitern gesagt: „Haltet sie von mir fern, jagt sie weg, ich bin müde." Aber sie hat sich gewehrt, sie hat nicht lockergelassen. Da ist er zornig geworden. „Was willst du denn?", hat er gesagt, „du bist eine Frau, und noch dazu eine Ausländerin, ich habe genug zu tun mit unseren eigenen Leuten, ich will meine Kräfte nicht auch noch für jemanden wie dich hergeben. Lass mich in Ruhe, du bist mir lästig."

„Ich weiß Herr", hat sie geantwortet, „aber ich verlange ja nicht viel, nur ein einziges gutes Wort, eine einzige freundliche Geste, dann gehe ich wieder nach Hause, mit neuer Hoffnung im Herzen, dass meine Tochter doch wieder gesund wird."

Da hat er sie angeschaut, es war auf einmal ganz still um ihn herum. Ich habe sein Gesicht gesehen, es war, als wenn er etwas sähe, was er noch nie bemerkt hatte. Dann schüttelte er den Kopf, nicht über sie, sondern über sich selbst, und sagte zu ihr: „Verzeih mir, Frau, du hast ja recht. Ich danke dir, dass du mir deine Meinung so klar und deutlich gesagt hast und nicht einfach gegangen bist." Er hat gelächelt und hinzugesetzt: „Meist bin ich es ja, der den Menschen seine Meinung sagt, vor allem den Männern, und ihnen einen Spiegel vor die Augen hält. Und nun kriege ich dasselbe von einer Frau, das habe ich verdient. Und du hast mich nicht mal schlecht gemacht oder beschimpft, sondern mir einfach vertraut, dass ich dich schließlich doch sehe und höre und verstehe. Geh nach Hause, deiner Tochter wird es wieder besser gehen – mit so einer starken und weisen und liebevollen Mutter."

Nach diesem Ereignis hat sich auf einmal etwas bei ihm verändert. Er hat sich mehr den Frauen in seiner Begleitung zugewandt, er hat mit ihnen geredet, ihnen zugehört und sie gefragt, was sie denken und fühlen.

Er ist neben ihnen im Gras gelegen, wenn er erschöpft war, und wenn eine der Frauen dann seinen Kopf bequem auf ihren Schoß gebettet und ihm die Haare aus der Stirn gestrichen hat, hat er dankbar geseufzt und die Augen geschlossen.

Er hat mit ihnen viel gelacht und ganz offensichtlich ihre Nähe gesucht.

Einmal hat er zu mir gesagt: „Frauen und Mütter haben ihre ganz eigene Weisheit, es lohnt sich, auf sie zu achten."

Ich habe das gesehen und hatte den völlig unsinnigen Gedanken, eine Frau sein zu wollen. Kein Mann, den ich kenne, will eine Frau sein!

Mit den Männern ist er ganz anders umgegangen.

Da gab es zum Beispiel die Geschichte auf dem Meer. Wir sind mit ein paar Fischern rausgefahren, und es kam wieder einmal ein Sturm. Er war in der Kajüte und hat geschlafen und sich nicht um uns gekümmert. Da ist einer runter und hat ihn geweckt. „Mach den Sturm weg und die Wellen", hat er ihn angefleht und ihn gerüttelt, „mach ein Wunder." Da ist er sauer geworden. Er ist an Deck gekommen und hat durch den ganzen Lärm geschrien: „Was wollt ihr denn schon wieder, wer kennt sich denn mit Schiffen auf dem Meer aus, ihr oder ich? Ihr seid die Fischer, die Fachleute, also tut, was ihr immer macht in so einer Situation. Hört auf zu jammern und packt zu! Ihr seid kräftig und habt Erfahrung. Ihr habt schon schlimmere Stürme überstanden, ich bin kein Zauberer!" Dann ist er wieder runter und hat sich hingelegt.

Eine halbe Stunde später hat der Sturm nachgelassen, Land war in Sicht, und ich muss sagen, es war eine gute Erfahrung, ich musste im Inneren lachen. Er hat uns mal wieder so richtig zurechtgewiesen. *Selbst zupacken*, hat er gesagt, *Vertrauen ja, aber auch selbst zupacken*, und wir haben verstanden.

Ich kann gerade so weitererzählen. Als zum Beispiel dieser reiche Mann kam und jammerte, er habe ein großes Haus, ein großes Vermögen, aber es reiche nicht, er sei nicht glücklich, er brauche einen Rat, wie es ihm besser gehen könne.

Na, und der Pharisäer, der sich beklagte, die Menschen würden nicht auf ihn hören – schließlich sei er kein Jedermann, sondern ein von Gott erwählter Priester, der alles wüsste, und den alle Menschen um Rat fragen könnten, aber sie täten es nicht.

Und dann die Begegnung mit den hoch studierten Gelehrten im Tempel, für die ihre heiligen Gesetze das Allerwichtigste waren. Sie forderten deren strenge Einhaltung. Wer sich nicht daran hielt, gegen den setzten sie das Gesetz wie einen Knüppel ein.

Mein lieber Mann, hat er die alle zur Schnecke gemacht! Also, dem Reichen hat er gesagt: „Du glaubst, mit Geld kannst du alles haben, aber du lebst in einer Burg aus Stein und Geld und verschanzt dich dahinter, weil du meinst, du seiest dann auf der sicheren Seite. Aber diese Burg hat nur kleine Schießscharten, du lässt nichts rein und nichts raus, keine Sonnenstrahlen, keine Fürsorge für andere, keine Dankbarkeit, keine Liebe, nichts hat eine Chance, bei dir anzukommen.

Du siehst keinen Himmel und keinen Regenbogen. Also reiße die Burg ab, verschenke die Steine, bau dir ein kleines Haus mit richtigen Fenstern, und wenn Leute kommen, lade sie ein, oder setze dich vor dein Haus auf eine Bank. Es kommt immer jemand vorbei, mit dem man einen kleinen Schwatz halten kann. Und ob du es glaubst oder nicht, auch Frauen sind nicht auf den Kopf gefallen, sondern können dir einiges erzählen."

Und der Pharisäer vom Hohen Rat, der hat vielleicht ein böses und hochmütiges Gesicht gemacht, als er Jesus sprechen hörte: „Ganz oben sein, das ist alles, was euch wichtig ist. Im Kreis des Hohen Rates zu leben. Das niedere Volk hat sich gefälligst fern zu halten und euch zu gehorchen, es ist ja nicht gebildet. Das wollt ihr – und euch den ganzen Tag von Frauen bedienen lassen.

Was ihr tun sollt, damit ihr glücklich und geliebt werdet? Steigt herunter von eurem hohen Ross, wie der Samariter, der den Verwundeten am Straßenrand gesehen hat. Er ging nicht vorbei, sondern er war barmherzig. Er hat dem unter die Räuber geratenen Mann in seiner Not geholfen.“

Und dann die Schriftgelehrten, die dachten, sie bekämen Bestätigung und Lob für ihr Handeln. Die mussten hören: „Ihr seid der Meinung, keiner sei so weise und intelligent wie ihr, ihr könnt lesen und schreiben und hängt den ganzen Tag über euren Büchern. Ihr habt keine Ahnung von dem, was die Menschen im Volk wirklich bewegt, bedrückt, traurig oder froh macht. Und ihr fragt ausgerechnet mich, der ich kein studierter Theologe bin, was ihr tun sollt. Was wollt ihr hören? Dass es richtig ist, Gesetze anzuwenden, ohne Rücksicht auf Verluste? Auch das ist Macht, wenn die Menschen Angst vor euch haben und vor euren „heiligen“ Gesetzen Und ihr seid auch noch überzeugt, dass euch diese Macht zusteht, einfach, weil ihr euch für gebildete Männer haltet.

Aber da liegt ihr falsch. Was macht ihr, wenn ein Mann einer Frau einfach ihre Ziege stiehlt, die angebunden auf der Wiese stand? Das ist gegen das Gebot *Du sollst nicht stehlen*. Gut, er wird bestraft, er muss die Ziege zurückgeben oder bezahlen, und er wird verwarnt.

Was macht ihr aber, wenn ein hungriges Kind auf einem Markt einen von hundert Äpfeln stiehlt und ihn isst? Das ist gegen dasselbe Gesetz. Es kann den Apfel nicht zurückgeben oder bezahlen, also wird ihm Prügel angedroht. Was aber solltet ihr in diesem Fall tun? Ganz einfach, das Kind trösten, es schützen, ihm jeden Tag so viele Äpfel schenken, wie es essen kann, damit es niemals wieder einen Apfel stehlen muss.

Gesetze sind dazu da, dass Menschen mehr Rücksicht aufeinander nehmen, dass Schwache und Arme geschützt werden. Das vor allem solltet ihr bedenken. Gesetze sind keine Messer, die ihr nach Belieben schärfen und anwenden könnt.“

So etwas hätte ich mich nie getraut zu sagen. Aber ich fand es begründet und mutig. Es hat mir richtig gut gefallen.

Die Gelehrten waren erstaunt und ärgerlich, als sie Jesus so reden hörten. Sie konnten einfach nicht begreifen, worum es ihm wirklich ging. Sie zeigten keinerlei Bereitschaft, bei sich selbst etwas zu ändern. Als sie weggingen, steckten sie die Köpfe zusammen und flüsterten miteinander. Man sah ihnen an, genau wie den Pharisäern und dem Reichen, dass sie keineswegs bereit waren, ihre bisherige Lebensweise loszulassen. Nein, sie kritisierten ihrerseits Jesus, denn er hatte es gewagt, an ihrem Benehmen, an ihrem Stand, an ihrem Wissen zu rütteln – er hatte es gewagt, ganz offen und vor allen Leuten zu sagen: *So nicht!*

Diese Stellungnahmen Jesu machen mir inzwischen Angst, denn die Schriftgelehrten und Pharisäer verfügen über Macht und Einfluss. Werden sie diese gegen ihn einsetzen?

Ich wache nachts auf und kann nicht schlafen, ich sorge mich um ihn, um meinen besten Freund. Ich presse mein Gesicht ins Kissen und niemand darf hören, dass ich ein Schluchzen unterdrücke.

## *29 Der Hohe Rat*

Wir haben ihn bisher nur beobachten lassen, aber wir müssen nun bald etwas tun, so geht das nicht weiter.

Er ist ein Aufrührer, ein Rebell, einer, der sich hinterlistig der einfachen Leute bedient, um uns schlecht zu machen. Wir hören immer mehr von ihm, von allen Seiten, und nichts Gutes.

Er redet den Menschen ein, die Armen und die Alten, die Behinderten und die Frauen seien besser als wir. Er erklärt zu wissen, was gut ist oder böse, richtig oder falsch. Er behauptet, Gottes Sohn zu sein, ein König auf Erden! Er wird unerträglich! Er muss mundtot gemacht werden, bevor die Menschen mehr an ihn glauben als an uns.

Wir sind diejenigen, die Gott, der Allmächtige, dazu ausersehen hat, das Volk zu belehren, und alles, was wir sagen, kommt direkt von ihm.

Wir allein sind weise und gelehrt – Menschen, die das leugnen, sind nichts anderes als dreckige kleine Würmer.

Dabei ist er völlig ungebildet und nur der Sohn eines Zimmermanns.

Wir haben nun lange genug unsere Spitzel ausgesandt, die uns informiert und berichtet haben, er bekomme immer mehr Anhänger. Er ist schlau, er macht sich bei den Frauen beliebt; die sind nun mal naiv und leichtgläubig. Er erzählt ihnen, sie seien wichtig, sie seien genau so wertvoll und klug wie die Männer. Die Weiber fangen schon an, aufzubegehren und sich gegen uns zu wenden. Wer weiß, eines Tages werden sie noch fordern, Mitglieder im Hohen Rat zu werden.

Der Mann ist verrückt und ein Gotteslästerer. Wir haben gehört, dass er mit Gott redet, er sagt zu ihm *Abba*, *Pappi*, auch manchmal *Mutter*, und irgendwann einmal wird er vielleicht sogar verkünden, dass Gott eine Frau ist! Dieser Mann ist eine wachsende Gefahr für uns alle.

Bisher sind wir noch nicht gegen ihn vorgegangen, aber nun hat vor ein paar Tagen ein Mitglied von uns etwas Ungeheuerliches erlebt, das hat uns aufgerüttelt.

Der Kollege war selbst anwesend, als dieser Mann auf einmal in einer Menge, die sich versammelt hatte, um eine Sünderin zu bestrafen, auftauchte, und die Leute in seinen Bann zog. Der Mann ist mit dem Teufel im Bunde, anders kann es nicht sein! Und was hat er getan? Er hat im Beisein von all diesen Menschen und in Anwesenheit eines Mitglieds des Hohen Rates die gerechte Bestrafung einer Sünderin vereitelt! Er hat irgendeine gefährliche Macht über das Volk, denn keiner hat es gewagt, ihm zu widersprechen, keiner!

Er wird immer dreister, wir müssen unser Volk vor ihm und seiner Magie schützen. Wir werden jetzt den Römern alles ganz genau berichten –, dass er die Menschen beherrscht mit irgendeinem Zauber, dass er sich für einen König hält, dass er gefährlich ist und dass er auch für die Römer ein Problem werden könnte.

Wir werden ihnen sagen, dass sie ihn festnehmen und ihre Soldaten schicken sollen, er sei ein Verräter. Wir sorgen schon dafür, dass sie ihn finden. Dann rufen wir alle Untertanen zusammen, die auf unserer Seite sind – mit dem Ziel, eine Demonstration zu organisieren und lautstark seinen Tod zu fordern. Wir werden ihnen versprechen, sie bei Erfolg an unseren nächsten Einnahmen zu beteiligen. Diese Strategie dürfte aufgehen. Wir wissen, wie wir vorzugehen haben. Er kann uns nicht entkommen. Wir werden nicht ruhen, bis er tot ist.

*Auf dem Weg zum Kreuz folgte Jesus eine große Menge des Volkes und viele Frauen, die ihn betrauerten und beklagten. Jesus wandte sich ihnen zu und sprach: „Ihr Töchter Jerusalems, weinet nicht um mich, weinet vielmehr um euch und um eure Kinder (Lukas 23, Vers 27 und 28).*

## *30 Eine der traurigsten Geschichten der Welt*

*Marias Mutter*. Josef war hier, er hat mich gebeten, zu kommen. Er sagt, Maria könne gar nicht mehr aufhören zu weinen. So tief unglücklich habe er sie noch nie erlebt.

Er könne ihr nicht helfen, er sei selbst vollkommen verstört und voller Schmerz und Trauer.

Ich sage mein Kommen zu. Maria ist meine Tochter. Wenn ich ihr das hätte nur ersparen können! Ich weiß, wie es ist, ein Kind zu verlieren, verzweifelt zu sein, sich verlassen zu fühlen, bittere Gedanken zu haben.

Ich komme, meine Tochter, ich werde dich in den Arm nehmen, wir weinen zusammen um unsere Kinder und Enkel und um uns und unser Leiden. Du bist meine Tochter, und ich bin bei dir.

*Maria*. Mama ist da. Ich bin nicht mehr allein. Wir sind uns ganz nah in unserer Trauer. Eine ganze Weile sitzen wir eng beieinander und werden ruhiger – doch der Schmerz will nicht weichen.

Irgendwann einmal habe ich sie ganz leise gefragt, ob sie an Auferstehung glaubt. Sie hat erst gezögert und dann gesagt:

„Ich weiß es nicht. Ich kann es mir nicht richtig vorstellen. Es fällt mir nur die Linde ein an unserem Brunnen, als ich ein kleines Mädchen war. Soll ich dir davon erzählen?“

Ich war so unendlich müde, aber ich wollte dann doch die Geschichte von der Linde hören.

„Was hat die Linde mit der Auferstehung zu tun?“, habe ich flüsternd gefragt, „Warum die Linde?“

Da hat sie mit folgender Geschichte geantwortet:

„Ich habe diese Linde oft gesehen, wenn wir zum Brunnen gingen, meine Mutter und ich. Ihre Blätter waren grün und rauschten im Wind. Sie war ein wunderschöner Baum, ich habe oft mit ihr geredet, ihr alles Mögliche erzählt, ihren festen Stamm umfasst und meine Wange an ihre Rinde gelegt.

Eines Tages sind wir wieder zum Brunnen gegangen, und die Linde hat krank ausgesehen, die Blätter wurden gelb und fielen ab, eins nach dem anderen, und nach ein paar Wochen waren nur noch abgestorbene Äste da. Sie hatte alles Leben verloren.

Ich dachte, sie sei tot, meine geliebt Linde sei tot. Denn sie atmete nicht mehr, sie war starr und leblos. Ich habe geweint und geweint.

Meine Mutter hat mich getröstet und gesagt: „Sie wird wieder leben, sie wird *auferstehen*. Sieh ihre winzigen Knospen, eines Tages im Frühling werden sie erwachen, sie wachsen wieder, sie gehen auf, und neue Blätter und Blüten werden entstehen. Sie wird wieder leben und atmen und sich an der Sonne und dem Regen freuen. Dieses Bild, das ist für mich *Auferstehung*.“

Mama hat eine Pause gemacht, ich habe mich an sie gekuschelt, dann hat sie weitergesprochen: „Oder wenn wir schlafen, dann wissen wir nichts mehr von uns, unser Denken und Fühlen hört auf, abends fallen auch bei uns die Blätter ab. Und am nächsten Morgen erwachen wir wieder, das ist für mich auch *Auferstehung*.“

Sie hat eine Weile nachgedacht und mich ein wenig fester gefasst. „Ich weiß nicht, was nach dem Tod geschieht“, hat sie gesagt, „vielleicht bekommen wir wieder neue Blätter wie die Linde, oder wir wachen einfach auf, niemand von uns weiß es, damit müssen wir leben.“

Mama hat dann geschwiegen, und ich habe an die Linde gedacht, als Mama ein kleines Mädchen war, und an die Linde, die auch an unserem Brunnen wächst und die mein Sohn so geliebt hat. Es war ein schöner Gedanke.

Einige Zeit später kam Lena herein, unsere älteste Tochter, sie hat sich ganz leise bewegt und uns etwas zu essen gebracht, Brot und Honig und frisches Wasser aus dem Brunnen.

Nach einer Weile hat sie ganz vorsichtig gemeint, dass die Ziegen auf die Weide müssten, ob ich vielleicht wie immer helfen könnte, allein schaffe sie es nicht. Da habe ich zum ersten Mal daran gedacht, dass der Tag weiter geht und dass Lena und die anderen alle genauso traurig sind wie ich.

Mama hat mich an die Hand genommen und hochgezogen. Wir sind dann alle zusammen zu den Ziegen gegangen. Wir haben die Schweine gefüttert mit den kleinen Ferkeln und die Hühnereier aus den Nestern geholt, dann sind wir auf der Bank vor dem Haus in der Sonne gesessen. Ich war sehr müde, trotzdem hat es gut getan, für etwas zu sorgen, einfache tägliche Tätigkeiten zu verrichten, mit den Händen etwas zu spüren, zu sehen, wie friedlich die Tiere sind und zu sehen, dass das Leben weitergeht, immer weiter, auch nach dem Tod.

Eine Frau ist vorbeigekommen und hat erzählt, dass ihre Tochter ein Kind bekommen hat, alles sei gut gegangen. Und ich habe bemerkt, dass die ersten Blüten der Kamelie neben unserer Bank aufgegangen sind.

*Vater Gott*. „Ruah weint und weint, sie kann gar nicht mehr aufhören, sie ist völlig verzweifelt. Ich halte sie im Arm und spüre in unserem Herzen die tiefe Traurigkeit und den Schmerz, der sich anfühlt, als wenn er nie wieder vergehen würde. Und nun weine ich auch.

Sie wollten unseren Sohn nicht haben, sie haben dieses große Geschenk von uns nicht angenommen, sie haben ihn umgebracht, wir sind im tiefen dunklen Tal, ohne Licht, ohne Sonne.

Und ich spüre auch Zorn, heiligen Zorn, zerstörerischen Zorn, kalten, harten Zorn auf diese Menschen. Ruah spürt ihn auch, doch sie hat gesagt, dass Zorn nichts besser macht, nicht auf Dauer, er verdrängt die Liebe, und die Liebe ist immer noch das Größte und Wertvollste.

Meine Ruah, die von den Menschen in gleicher Weise nicht respektiert und angenommen wird, wie unser Sohn, sie spricht von Liebe, immer ist für sie die Liebe am wichtigsten.

Und dann hat sie noch etwas gesagt, meine Frau, meine weise, wunderbare Frau, sie hat etwas gesagt, was wir tun wollen, zusammen, und genau das machen wir nun."

### *31 Liebe*

*Mutter Ruah*. „Wir haben ihn geholt, unseren Sohn, er ist hier, in unseren Armen. Wir sind alle zusammen, Mutter, Vater und Kind. Er hat uns angesehen mit warmen Augen und gesagt: *Ich bin bei euch, ich danke euch.*

Wir haben ihm Salbe auf seine Wunden gestrichen gegen die Schmerzen, und sie beginnen bereits zu heilen. Dann hat er sich aufgesetzt, zwischen uns, er hat unsere Hände in seine genommen – eine rechts und eine links, und uns abwechselnd angeschaut, und wir haben gewusst, dass er noch etwas auf dem Herzen hat, was er uns sagen will. Er hat uns seinen tiefsten Wunsch anvertraut, und wir werden diesen niemals vergessen. Er hat gesagt: *Mein Vater, meine Mutter, vergebt ihnen, denn sie wissen nicht, was sie tun*."

### *32 Der Mann mit den gelähmten Beinen*

Er hat mich gehört, dieser Wanderprediger, obwohl es sehr laut war. Er hat mich gehört. Er hat mich gesehen, auch wenn sich die Menschen in einem dichten Knäul um ihn drängten.

Alle wollten etwas von ihm.

Er hat sich umgedreht und ist zu mir gekommen, zu mir, der ich immer lästig war und den anderen auf die Nerven gegangen bin, zu mir, einem nutzlosen Krüppel, der ganz unten ist.

*Jesus*: „Du hast mich gerufen?“

*Mann*: „Ja Herr, ich kann ja nicht zu dir gehen, sieh meine Beine an, dünn und schwach, und du kannst Menschen gesund machen, mach mich auch gesund.“

*Jesus*: „Wer hilft dir?“

*Mann*: „Niemand, meine Eltern haben viel zu tun, sie sind reich, sie haben keine Zeit für mich, sie wollen mich nicht. Ich bin ein wertloser Krüppel, sie wollen nicht wissen, wie es mir geht, oder was ich brauche. Meine Brüder sind alle erfolgreich. Ich würde gerne an ihrem Leben teilnehmen, aber sie erzählen mir nichts, sie machen Reisen, sie sind gute Handwerker und angesehene Bürger. Aber mit mir wollen sie nichts zu tun haben. Sie sind gesund und können tun, was sie wollen. Nur ich bin nichts wert. Ich weiß nicht, warum ich so auf die Welt gekommen bin. Ich hasse mich, und ich hasse alle, die so leicht an mir vorbeigehen, ich hasse alle, die mich hänseln, und ich wünsche mir, gehen zu können, dann würde ich sie verprügeln, damit sie mich endlich respektieren.“

*Jesus*: „Gibt es einen Freund, der dich besucht und zu dir hält?“

*Mann*: „Ja, es gab einen. Er hat mir oft erzählt, was er in der Schule gelernt hat, was im Dorf passiert, er hat mir seine Bücher mitgebracht und mich ein wenig Lesen und Schreiben gelehrt. Er hat mir lustige Geschichten erzählt, mich manchmal in einen Karren gesetzt und umhergeschoben. Aber er ist schon lange nicht mehr gekommen.“

*Jesus*: „Hast du es ihm gedankt? Hast du danke gesagt und ihm gezeigt, wie viel er dir bedeutet? Hast du dich offen gefreut, wenn er da war? Hast du dich mit ihm wohlgefühlt und ihm das auch gesagt? Hast du ihn umarmt, wenn du dich ihm freundschaftlich verbunden gefühlt hast?"

*Mann*: „Eigentlich nicht, ich war neidisch auf ihn, er kann gehen, er hat es gut. Warum soll ich ihm dankbar sein? Er hat kräftige Beine, da kann er mich doch besuchen und mir helfen. Eigentlich müsste er dankbar sein und nicht ich."

*Jesus*: „Er wird wiederkommen! Dann sag ihm, dass du froh bist, ihn zu sehen, dass er dir gefehlt hat, dass du ihm verbunden bist. Er wird sich freuen, er wird dir einen Freund mitbringen, der Krücken machen kann, sie werden mit dir Übungen machen, die deine Beine stärken. Du wirst nie so gut laufen können wie andere, aber es wird dir besser gehen und du wirst dich selbst lieben lernen und stolz sein, wenn du es schaffst, in deine Beine wieder ein wenig Leben zu bringen, dank deinem Mut und deiner Zuversicht und deinen Freunden."

*Mann*: „Woher willst du das wissen?"

*Jesus*: „Ich weiß es. Gibt es eine Frau, die für dich sorgt und dich ein wenig lieb hat?"

*Mann*: „Ich habe dir doch gesagt, meine Eltern kümmern sich nicht um mich, meine Mutter lässt mich links liegen."

*Jesus*: „Eine andere Frau?"

*Mann*: „Nun ja, eine Magd, sie hat eine schiefe Hüfte, aber sie kann gehen, sie ist da, um die Ställe auszumisten und so. Sie kommt ab und zu, dann wäscht sie mir die Füße und cremt sie ein, das tut gut. Aber sie wird schließlich dafür bezahlt."

*Jesus*: „Hast du dich bei ihr bedankt?"

*Mann*: „Nein, warum, sie ist ja nur eine Magd."

*Jesus*: „Dann sag ihr das nächste Mal danke, und sag ihr, dass sie schöne braune Augen hat und sanfte, liebevolle Hände. Und dass du es magst, wenn sie da ist. Sie wird vor Freude ein wenig rot werden, sie wird dir kurz übers Haar streichen, und wenn sie geht, dir noch einmal zuwinken."

*Mann*: „Woher weißt du das?"

*Jesus*: „Ich weiß es."

*Mann* (nachdenklich): „Das ist alles so neu für mich."

*Jesus*: „Was fühlst du jetzt gerade?"

*Mann*: „Ich bin ein wenig verwirrt, du bist so anders als ich dachte, ich hoffte, du würdest sagen, ich soll gehen, und dann könnte ich aufstehen und es tun. Aber ich fühle meine Beine immer noch nicht.“

*Jesus*: „Wie fühlst du dich innen?“

*Mann*: „Ich weiß nicht so recht. Irgendetwas ist am Schmelzen, wie Schnee an der Sonne. Ich fühle Tränen in mir hochsteigen, das ist mir noch nie passiert. Ich weiß es wirklich nicht, es ist ein unbekanntes Gefühl, aber es tut gut.“

*Jesus*: „Du bist ein guter Mensch, du bist nicht schlecht und klein und hässlich, du bist kein Krüppel, du bist liebenswert, du hast das nur immer mit Abfall und Müll überdeckt. Du warst verbittert und neidisch, voller dunkler Gedanken und Gefühle. Die werden sich langsam ändern, doch das braucht seine Zeit. Du wirst wieder lebendig werden, nicht mehr gelähmt vor lauter Hass und Vorwürfen ans Schicksal. Das ist die Heilung, die ich dir geben kann. Fühlst du es?“

*Mann*: „Ja Herr, ich fühle es, und ich danke dir, ich habe noch nie jemandem etwas gedankt, aber ich werde es üben, versprochen. Aber Herr, woher weißt du das alles?"

*Jesus*: „Ich weiß es, weil ich daran glaube.“

*Mann*. Es war wie ein Wunder, er ist zu mir gekommen, unter diese dunkle graue Decke, die ich immer so gehasst habe. Ich kann sie abwerfen, ich kann wieder die Sonne spüren, ich kann Dankbarkeit fühlen. Ich spüre, dass vieles in mir heilen wird in der nächsten Zeit, und dass ich glücklich sein darf, so wie ich bin.

## *33 Die Mutter im Steinbruch*

*Pharisäer*. Das Urteil ist einstimmig gefallen, der Fall ist klar, die Frau hat unser heiliges Gesetz gebrochen durch Unzucht mit einem anderen Mann, also Ehebruch, darauf steht die Strafe: Tod durch Steinigung.

Es ist ein gerechtes Urteil, und wir haben auch die Begründung verlesen.

Es ist so: In der letzten Zeit mussten wir immer wieder einige Gesetze verschärfen, sie wurden übertreten oder verwässert, meist von Frauen. Immer wieder kommt es vor, dass ein Mann uns um Hilfe bittet. Seine Frau hat ein Kind zur Welt gebracht, und es sieht ihm überhaupt nicht ähnlich. Er hat sie zur Rede gestellt, und sie hat es natürlich abgeleugnet, dass ein anderer Mann im Spiel ist, und behauptet, es sei von ihm. Bisher hat man Ehebruch mit Auspeitschung bestraft, nun also wurde die Todesstrafe eingeführt. Frauen sind nun mal hinterlistig und durchtrieben, sie jubeln ihrem Mann einen Bastard unter und behaupten, er sei der Vater. Das muss aufhören.

Es gibt noch mehr Beispiele: Der Sabbat ist unser heiliger Tag, an dem die Menschen zu Hause bleiben, um sich auszuruhen, um in sich zu gehen und nachzudenken über ihre Sünden und die Buße, die sie tun sollen.

Auch dieses Gesetz haben die Frauen und Mütter immer wieder aufgeweicht. Sie haben am Sabbat Gemüse geerntet und gekocht. Sie wollten die Kinder nicht hungern lassen, haben sie gesagt.

Sie haben sich die Babys auf den Rücken gebunden und sind zusammen mit Freundinnen und Kindern spazieren gegangen.

Der Mann sitzt dann allein zu Hause und wird von seiner Frau vernachlässigt, vor allem, wenn er sie ins Bett ziehen möchte, was sein gutes Recht ist. Deshalb haben wir verboten, am Sabbat die Kinder zu tragen oder hochzunehmen, das wird sie fügsamer machen.

Nun, und diese Frau, die morgen gesteinigt wird, die habe ich vor ein paar Wochen erwischt, wie sie am Sabbat in aller Frühe unten am Bach Wäsche gewaschen hat. Ich habe sie streng zur Rede gestellt, und sie hat Angst gehabt, aber sie hat sich eine Ausrede ausgedacht. Es habe tagelang geregnet, der Bach sei schlammig und dreckig gewesen, ihr Mann habe kein sauberes Hemd mehr gehabt und sie deswegen geschlagen, für die Kinder waren keine gewaschenen Windeln mehr da.

Ich habe ihr klar gemacht, dass sie gesündigt habe. Sie könne sich, wenn der Bach schlammig sei, Wasser aus dem Brunnen holen, auch wenn es mühsamer sei.

Man muss sich die Arbeit nur besser einteilen, das geht, wenn man den guten Willen dazu hat.

Ich habe ihr dann das Wäschewaschen am Sabbat verziehen. Sie musste mir aber versprechen, dass das nie wieder vorkommen würde.

Als sie dann so vor mir stand, mit bloßen Armen und Beinen, das Kleid war nass und klebte an ihrem Körper, die dunklen Locken hingen ihr wirr und ungebändigt über den Rücken, habe ich schon geahnt, dass sie eine von diesen Frauen ist, die es darauf anlegen, Männer mit ihrer Schönheit und ihrer Ausstrahlung zu verführen.

Ich bereute es, ihr so schnell das Waschen verziehen zu haben. Ich habe gesehen, wie sie innerlich triumphierte, dass sie wieder einmal einen Mann mit ihren Reizen beeindruckt hat.

Ich bin dann schnell gegangen, aber ich war wütend. Und ich habe unseren Tempeldienern eingeschärft, diese Frau in der nächsten Zeit im Auge zu behalten, sie könnte eine Hure sein. Ich hatte wieder einmal Recht. Sie ist eine. Sie war bei einem anderen Mann. Und nun bekommt sie ihre Strafe. Jawohl, wir Gelehrten waren uns voll und ganz einig.

Jetzt, einige Tage später, bleiben mir fast die Worte weg, wenn ich daran denke, was geschehen ist. Ich fühle mich wie ein Vulkan, der nur noch Feuer und schwarzen Rauch ausstoßen kann.

Also, der Termin der Steinigung wurde verkündet wie immer. Es ist wichtig, solche Strafen öffentlich auszuführen. Möglichst viele Menschen sollen sehen, was passiert, wenn sie unsere Gesetze übertreten. Es sind göttliche Gesetze, und wir Pharisäer und Schriftgelehrten sind dazu ermächtigt, für Recht und Ordnung zu sorgen, wenn die Gesetze nicht eingehalten werden.

Ich kam also im Steinbruch an, es waren schon viele Leute da, meistens Männer; die Frauen sind zu weichlich oder heucheln Mitleid, die wollen das nicht sehen. Wenn die Frauen das Sagen hätten, würde alles drunter und drüber gehen, und jeder würde machen was er wollte.

Sie sind eigentlich nur da, um die Toten am Schluss zu waschen und zu salben und in einem Tuch mitzunehmen. Das sehen wir zwar nicht gern, aber wir lassen sie, wir sind ja keine Unmenschen.

Wie gesagt, ich kam im Steinbruch an, die Hure lag auf dem Boden, gefesselt und geknebelt. Und auf einmal sehe ich da diesen Mann stehen, den Wanderprediger, der auch so ein durchtriebener Typ ist und die Leute aufwiegelt, der die Sabbatruhe nicht einhält und Gesetze unterläuft.

Bisher konnten wir ihn nicht festnehmen, er hat sehr viele Anhänger auf seiner Seite. Es ist ziemlich schwierig, ihm etwas nachzuweisen. Wir haben auch keine eigenen Gefängnisse und Soldaten, und den Römern ist es gleichgültig, was er redet und tut, die sind der Meinung, er sei harmlos. Aber wir behalten ihn im Auge, und eines Tages werden wir ihn schon schnappen.

Er stand da, ganz ruhig, und auf einmal kam mir ein Gedanke: Jetzt kann ich ihn bloßstellen, vor all diesen Menschen hier, jetzt ist meine Chance, ihm den Mund zu stopfen, jetzt kann ich ihn festnageln.

Ich ging auf ihn zu und sagte zu ihm: „Na, willst du immer noch behaupten, unsere Gesetze seien unmenschlich? Was bitte würdest du in diesem Fall tun, du weißt, dass Ehebruch verboten ist, und eine Frau, noch dazu eine Mutter, die dieses Verbot übertritt, muss bestraft werden. Damit bist du ja bestimmt auch einverstanden. Also bist du doch auf der Seite unserer Gesetze. Gib es endlich zu und höre auf, die Leute mit deinen Einflüsterungen und Schmeicheleien zu verwirren und zu verführen und gegen uns aufzubringen. Sag es hier vor allem Volk, dass du dich geirrt hast, sag, dass unsere Gesetze von Gott kommen und dass Strafen – bei Übertretungen – verdient sind, und wir im Recht. Verkünde es laut und deutlich, oder willst du tatsächlich weiterhin den Menschen einreden, unsere

Gesetze seien Unsinn, wir seien eitle Schwätzer und sollten so eine Ehebrecherin einfach laufen lassen?“

Ich war sicher, dass er sich das nicht trauen würde. Es waren alle Männer da, die fest hinter uns Pharisäern und Schriftgelehrten stehen, sie hatten bereits Steine in der Hand, sie wollten das Urteil vollstrecken. Diese Männer hätten sich auf ihn gestürzt, sie hätten ihn festgenommen auf ein Zeichen von mir, wenn er weiter die Menge gegen mich aufgehetzt hätte. Jetzt war er in der Falle, genial! In meiner Falle!

Die Männer standen also alle da, bereit, loszuschlagen. Ich selbst mache da allerdings nie mit, ich mache mir die Hände nicht schmutzig, das ist Sache des Volkes, und das funktioniert auch immer gut. Ich schaue nur zu, ich bin nicht das Volk, das ist meine Stellung. Und was hat er getan, dieser Jesus von Nazareth, was hat er gesagt? Er hat gesagt – nicht einmal laut, es klang wie eine selbstverständliche Feststellung, aber alle haben es gehört, denn es war totenstill in der Menge –, er hat gesagt: „Derjenige, der noch nie eine Sünde begangen hat, der werfe den ersten Stein auf diese Frau.“

Nur diesen einen Satz.

Und er hat sie alle angesehen, einen nach dem anderen, ganz ruhig, und auf einmal hat einer seinen Stein fallen gelassen und hat sich umgedreht, und dann noch einer, weitere Steine sind zu Boden gefallen, weitere Männer haben sich abgewandt, und dann sind alle, einer nach dem anderen, gegangen, einfach davongegangen, und keiner hat ein Wort gesagt.

Die paar Frauen, die im Hintergrund standen, sind zu der Hure gelaufen und haben ihre Fesseln zerschnitten und ihr auf die Beine geholfen. Dann kam der Wanderprediger zu ihnen, und sie haben ihn umringt, wie sie es immer tun, diesen Weiberfreund, diesen Großsprecher, und er hat etwas leise zu der Hure gesagt. Sie hat genickt und geweint, dann sind die Frauen auch gegangen – mit ihr und er mit ihnen.

Am Schluss bin ich ganz allein im Steinbruch gesessen auf meinem Hochsitz, und das Feuer hat in mir gebrannt.

Was hat dieser Mann, was wir nicht haben? Wer gibt ihm solche Macht über die Menschen? Und vielleicht auch eines Tages über uns? Nein, nicht über uns! Ich werde das alles vor den Hohen Rat bringen, heute noch, sie sollen es erfahren, und wir werden uns zusammentun und ihn vernichten, bevor er alles an sich reißt. Wir werden nicht ruhen, bis er am Boden liegt und nie wieder aufsteht. Alle werden wir nur noch dieses eine Ziel verfolgen: Ihn zu töten. Und ich bin sicher, der Hohe Rat wird mir einvernehmlich zustimmen.

## *34 Die Kinder*

„Du liebe Zeit, Kinder, wie seht ihr wieder aus? Nass von den Zehen bis zu den Haaren, ihr wart unten am Bach, stimmt's?"

*Mädchen*: „Ja, Mama, wir haben am Schlammloch gespielt, aber den Dreck haben wir schon wieder abgewaschen, und die Sonne ist so warm, wir haben nicht gefroren. Es hat viel Spaß gemacht."

*Junge*: „Und Mama, stell dir vor, dann sind Leute gekommen und wollten uns wegjagen, aber da sind sie an die Falschen geraten. Es ist unser Bach und unser Schlammloch!"

*Mädchen*: „Na, wir haben dann doch bleiben können, und es ist dann auch ganz lustig geworden."

„Also, nun erzählt mal der Reihe nach, ich verstehe gar nichts, was war los? Habt ihr euch schlecht benommen?"

*Mädchen*: „Nein, wir haben gespielt wie immer, wir waren zu sechst, und niemand hat uns gestört. Und dann sind auf einmal oben auf dem Hügel diese Erwachsenen aufgetaucht, eine ganze Gruppe, Wanderer oder so, Frauen und Männer. Sie haben sich auf die Baumstämme unter der Buche gesetzt und sich was zum Essen aus den Beuteln geholt."

*Junge*: „Ja, und dann ist einer von denen zu uns heruntergekommen und hat Wasser geschöpft. Er hat gesagt, wir sollten uns verziehen, wir machten das Wasser trübe, wir würden herumschreien und die da oben stören. Ihr Wanderführer sei krank, er habe Kopfschmerzen, er brauche seine Ruhe."

„Was waren das für Leute?"

*Junge*: „Keine Ahnung, nicht von hier."

„Und dann? Was geschah dann?"

*Junge*: „Da habe ich mich vor den Typen hingestellt und gesagt, der Bach gehöre uns, schon immer, es sei unser Platz, aber wir würden leise sein, solange sie Rast machten. Wenn er ein paar Meter weiter oben das Wasser schöpfen würde, sei es noch sauber und klar und nicht schmutzig von uns."

*Mädchen*: „Er hat uns angeschaut und gesagt, es sei eine Schande, wie wir aussähen. Den Anblick könne man niemandem zumuten, wir sollten uns verkrümeln."

*Junge*: „Dann ist er wieder hoch, und er hat mit einem der Männer gestritten, vielleicht mit dem Wanderführer, der hat irgendetwas zu ihm gesagt. Und da hat der unfreundliche Kerl den Mund gehalten und hat sich abseits gesetzt. Nach einer Weile ist dieser andere Mann zu uns heruntergekommen an den Bach."

*Mädchen*: „Ja, er hat sich zu uns gesetzt. Es ist kühl und schattig da unten. Er hat sich Wasser über den Kopf gegossen, und ich habe ihn gefragt, ob wir schuld seien an seinen Kopfschmerzen. Er hat gelacht und erwidert: ‚Nein, bestimmt nicht, eher manche Sturköpfe, die mich begleiten. Außerdem ist es so heiß. Ich vertrage die Hitze nicht gut. Aber hier unten ist es sehr schön'."

*Junge*: „Dann hat er uns zugeschaut, wir haben weiter herumgespritzt und geplanscht, es hat ihm nichts ausgemacht, er hat gesagt, er möge Kinder."

„Und die anderen? Was haben die gemacht?"

*Mädchen*: „Die sind dann auch heruntergekommen, sind aber weiter oben am Bach gesessen, die wollten nicht nass werden."

„Das ist ja eine interessante Geschichte, die ihr da erlebt habt Kinder. Und was geschah dann noch?"

*Mädchen*: „Weil der Mann so nett war, habe ich gesagt, ich würde ihm gerne etwas zeigen, eine Überraschung, aber nur ihm, nicht den anderen. Er hat wieder gelacht und gesagt, er liebe Überraschungen. Dann sind wir zusammen hinter den Weiden davongeschlichen und später noch ein Stück den Bach hochgewatet."

„Aha, zum Wasserfall!"

*Mädchen*: „Ja, es war gerade die richtige Zeit. Es geschieht nicht immer. Es ist mein Lieblingsplatz. Unten am Wasserfall ist die Luft voll kleiner feiner Tropfen, alles ist feucht, es prickelt im Gesicht, wie Nebel, und wenn die Sonne nur noch halbhoch steht und genau auf diese Stelle scheint, schimmern da auf einmal lauter Farben auf. Rot, orange, gelb, grün, blau, lila, es ist wunderschön. Der Mann hat es sich lange angeschaut. Er hat dann tief Luft geholt und gesagt, das sei wirklich wie ein kostbarer Schatz, es sei das Schönste, was es gäbe, so ein Regenbogen. Er dankte uns. Sein Gesicht war ganz entspannt."

*Junge*: „Und dann habe ich ihm erzählt, dass ich auch noch eine Überraschung hätte, aber weiter unten. Er war gleich bereit, mit uns wieder herunterzugehen. Wir sind also wieder abwärts gewatet, seine Leute haben in der Wiese gelegen und vor sich hingedöst. Wir sind leise an ihnen vorbeigeschlichen. Und dann sind wir an die Stelle gekommen, wo der Bach breiter wird und flach. Dort habe ich in den letzten Wochen immer wieder Steine hingelegt, so dass man hinüber ans andere Ufer kommt, ohne dabei nass zu werden. Er hat gefragt, ob er auch darüber laufen dürfe. Klar, habe ich gesagt, es sei prima auf der anderen Seite, von dort würde alles ganz anders aussehen."

„Das war wirklich ein netter Mann, wie hat er denn geheißen? Hat er keinen Namen genannt?"

*Mädchen*: „Wir haben ihn nicht danach gefragt."

*Junge*: „Wir hatten noch viel Spaß mit ihm. Einmal ist er ausgerutscht und wäre beinahe ins Wasser gefallen. Drüben haben wir uns ins Gras gesetzt, die Vögel beobachtet und die Bienen summen gehört."

*Mädchen*: „Dann hat er auf einmal gesagt, dass man von Pflanzen und Tieren viel lernen könne, aber auch von Kindern und Müttern, und dass er deshalb Kinder und Frauen sehr gern habe. Männer natürlich auch – zwischendurch –, aber denen müsse er eben immer wieder die Meinung sagen und sie zurechtweisen. Sie seien oft solche Sturköpfe und meinten immer, sie wüssten alles besser. Wir haben zusammen gelacht, er war so lustig."

*Junge*: „Da habe ich ihn gefragt: Du bist doch auch ein Mann, hast du wirklich von Frauen und Kindern etwas gelernt? Daraufhin hat er gesagt: ‚Oh ja, ich habe eine Freundin, eine Mutter, eine Oma und mehrere Geschwister, und ich lerne unterwegs viele Frauen kennen. Manche sind von weit her und nicht aus unserem Volk, manche haben dunkle Haut, manche helle, sie sprechen andere Sprachen, haben andere Erfahrungen, und wenn man ihnen zuhört, was sie leider nicht oft erleben, dann sieht man auf einmal vieles anders, so wie hier am Bach, wenn man ans andere Ufer geht. Man muss einfach umdenken und die Welt aus einem anderen Blickwinkel anschauen'."

*Mädchen*: „Also, wenn du das kannst", habe ich zu ihm gesagt, „müssten das auch andere können, zum Beispiel unser Papa." „Ja", sagte er, „aber vielleicht ist er gar kein Sturkopf, er hat ja euch und eure Mama."

„Das habt ihr zu ihm gesagt? Du liebe Zeit, und wie ging es dann weiter?"

*Junge*: „Ach, ganz einfach, wir sind wieder zurückgegangen. Er hat gemeint, wir sollten so bleiben wie wir sind, und er würde uns nie vergessen, den Regenbogen am Wasserfall, und die Steine, um ans andere Ufer kommen und von dort alles anschauen zu können. Er danke uns dafür. Dann ist er zu seinen Leuten gegangen und hat uns noch zugewinkt."

„Könnte es sein, dass das der Wanderprediger war, von dem ich bereits gehört habe? Ich habe mir schon ein paar Mal gewünscht, ihn einmal kennen zu lernen. Aber nun seid ihr ihm begegnet. Ich bin froh darüber. Vergesst nicht, was er gesagt hat, denn wisst ihr was? Ich glaube, er ist sehr weise und ein ganz besonderer Mensch."

*Mädchen*: „Heute Abend werden wir es Papa erzählen, und wenn er dann einen sturen Kopf hat, werde ich zu ihm sagen, von Kindern und Frauen könne er noch viel lernen. Und dann wird er vielleicht lachen und seinen Kopf schütteln und sagen: ‚Dann fange ich eben an, von euch zu lernen'. Mama, weißt du was? Vielleicht werden die Männer eines Tages aufhören, stur und überheblich zu sein, und ich kann dann, wenn ich groß bin, eine Pharisäerin werden, das möchte ich sehr gerne. Ich werde es aber ganz anders machen, so wie der Mann am Bach, mit Liebe und Verständnis und Freude und Dankbarkeit, so dass die Farben von Frauen wieder leuchten dürfen, so wie ein Regenbogen, ein wunderschön schimmernder bunter Regenbogen."

Ich habe vier Töchter und schon damals, als sie noch Kinder waren, fühlte ich mich nicht wohl mit dem, was sie im Religionsunterricht und später im Konfirmandenunterricht vorgesetzt bekamen.

Ich hatte das Gefühl, dass etwas nicht stimmt, aber ich wusste nicht, was.

Und so kam ich schließlich zu dem Schluss, dass ich es bin, mit der etwas nicht stimmt und nicht die christliche Lehre und die Texte in der Bibel.

Lange habe ich das mit mir herumgetragen, sehr lange.

Inzwischen habe ich elf Enkelkinder in jedem Alter, und auch sie haben ‚Reli' und ‚Konfi', und noch immer stimmt etwas nicht, es hat sich nichts geändert.

Nur, ich habe endlich neues Land entdeckt dank einiger Frauen, denen ich in Büchern und anderen Texten begegnet bin.

Auf einmal wurde mir klar, dass eine unheilvoll bedrückende Schieflage in der christlichen Szene herrscht, nicht bei mir.

Es ist nicht die christliche Religion, die krank macht, und auch nicht dieser Gott selbst, der die Frauen links liegen lässt, denn Vater Gott liebt die Frauen genauso wie die Männer. Sondern es ist das, was in den Köpfen der Mehrheit aller Kirchenmänner im Namen der Religion stattfindet, nämlich dass Gott ein Mann ist, mit für sich integrierten weiblichen Eigenschaften, und deshalb ist eine Frau, eine Gefährtin, ein Gegenüber für ihn unnötig. Er ist allein und will es so, und so haben wir keine Eltern im Himmel, sondern nur diesen Mann. Und dass das ist die einzige Wahrheit.

Aber ich nehme ihnen das nicht mehr ab.

Und dann habe ich noch etwas entdeckt: Der Mensch Jesus, der vor 2.000 Jahren gelebt hat, spürte das damals bereits. Er ist nicht in die Knie gegangen vor den Pharisäern und Schriftgelehrten und vor dem Gott, den sie sich gemacht haben, ein

Gott, der keine Frau neben sich duldet, ein Vater, der keine Mutter neben sich duldet, und der ganz nach seinem Sinn Menschen vernichtet oder erhört.

Jesus hat Frauen geschätzt. Er hat ihnen zugehört, real lebendigen Frauen, mit ihren ganz eigenen Gaben, Fähigkeiten und Stärken. Er hat ihre Weisheit geachtet. Er war bereit, von ihnen zu lernen. Und er hatte nicht nur einen Vater im Himmel, sondern auch eine Mutter, also Eltern, so wie jeder Mensch, den sie gemacht haben. Deshalb war er Heil bringend.

Und eines weiß ich jetzt: Frauen repräsentieren die weibliche Hälfte von Vater Gott, die nicht seine Hälfte ist, sondern die seiner geliebten Gefährtin, nämlich Mutter Ruah, und beide zusammen, Vater Gott und Mutter Ruah, sind unsere Eltern, und das werde ich mir nie wieder wegnehmen lassen.

Dieses Buch ist nur ein kleines Rädchen im großen Weltgetriebe, aber ich bin zuversichtlich, dass es noch viele andere kleine Rädchen gibt und geben wird, vor allem bei der Generation „Enkelkinder", und die können durchaus einmal ein großes Rad dazu bewegen, sich in eine neue, bessere, heilsame Richtung zu bewegen.

*Danksagung*

Bei Büchern denke ich immer an kleine Senfkörner, die eine Säfrau oder ein Sämann ausstreut. Manche fallen auf Stein oder Sand oder ins Wasser oder in die Wüste, aber manche landen auch in aufnahmebereiter Erde, und dort fangen sie dann an zu keimen.

Ich möchte mich deshalb bei Christa Mulack bedanken für ihr Buch: *Jesus, der Gesalbte der Frauen*.

Und bei Nicholas D. Kristof und Sheryl WuDunn für ihr Buch: *Die Hälfte des Himmels*.

Und ich danke natürlich meiner Enkelin Johanna, ohne die es dieses Buch nicht geben würde.

*Carin Winter*